Jose Simon Chacon Davila

Niveles de Colaboración en las Aulas Virtuales

Jose Simon Chacon Davila

Niveles de Colaboración en las Aulas Virtuales

Caso: Cursos en Google® Sites

PUBLICIA

Imprint
Any brand names and product names mentioned in this book are subject to trademark, brand or patent protection and are trademarks or registered trademarks of their respective holders. The use of brand names, product names, common names, trade names, product descriptions etc. even without a particular marking in this work is in no way to be construed to mean that such names may be regarded as unrestricted in respect of trademark and brand protection legislation and could thus be used by anyone.

Cover image: www.ingimage.com

Publisher:
PUBLICIA
is a trademark of
International Book Market Service Ltd., member of OmniScriptum Publishing Group
17 Meldrum Street, Beau Bassin 71504, Mauritius

Printed at: see last page
ISBN: 978-620-2-43218-4

NIVELES DE COLABORACIÓN DE LAS ACTIVIDADES PROPUESTAS EN AULAS VIRTUALES DE LA ASIGNATURA "TECNOLOGÍAS PARA EL APRENDIZAJE"

CASO: CURSOS EN GOOGLE® SITES DE LA UNIVERSIDAD METROPOLITANA

Autor: José Chacón

C.I. N° 6.301.681

jschacon@unimet.edu.ve

Caracas, Enero 2020

Índice

LISTA DE CUADROS, TABLAS Y FIGURAS

República Bolivariana de Venezuela
Universidad Nacional Abierta
Dirección de Investigaciones y Postgrado
Maestría en Educación Abierta y a Distancia
Centro Local Metropolitano

NIVELES DE COLABORACIÓN EN LAS ACTIVIDADES PROPUESTAS EN ESPACIOS VIRTUALES DE LA ASIGNATURA "TECNOLOGÍA PARA EL APRENDIZAJE"

CASO: CURSOS EN GOOGLE® SITES DE LA UNIVERSIDAD METROPOLITANA

Autor: Chacón, José
Tutora: Rincón, Lola
Noviembre, 2018

RESUMEN

Los medios tecnológicos y la Internet permiten vincular en el proceso de aprendizaje a distancia una variedad de herramientas que ofrecen ventajas en una propuesta educativa coherente con el currículo universitario. Su uso implica que se puede compartir y colaborar, sintiendo la compañía de pares y docente, lo que solventa los síntomas del síndrome de "la soledad del estudiante a distancia" (Leal, 2004). Esto se analizó en la asignatura "Tecnologías para el aprendizaje", alojada en el Site de Google®, donde el Objetivo fue analizar los niveles de colaboración de las actividades de aprendizaje propuestas en las aulas virtuales del curso "Tecnologías para el Aprendizaje", de la Universidad Metropolitana (Año: 2018). La investigación se apoya en la Teoría de la Actividad (Engeström, 2001). Las bases conceptuales tocan postulados de: educación a distancia, paradigma constructivista, herramientas Web 2.0 y fases aplicadas en el diseño. Se trabajó la metodología mixta predominantemente cuantitativa de Hernández, Fernández y Baptista (2010), con diseño DIAC, en dos momentos de recolección: uno de inmersión, donde se recogieron impresiones de estudiantes; y otro de campo, donde se aplicó un instrumento de 49 items de selección simple, a 14 profesores. Con los resultados se puede afirmar que los niveles de colaboración están sujetos a: características, herramientas tecnológicas y diseño instruccional de las actividades. Se encontraron debilidades en el grado de responsabilidad de estudiantes, lo que ha de desarrollarse a partir de la supervisión y el seguimiento de la hoja de ruta del curso. Esto confirma que la situación está siendo originada en la falta de asesoría docente, revelación que también hicieron los profesores cuando se les consultó sobre el seguimiento de la hoja de ruta. Las mayores debilidades se encontraron en 8 de las 10 etapas del diseño instruccional, siendo esto coincidente con lo que Leal (2004) denomina "causas exopercibidas".

DESCRIPTORES: características de las actividades de aprendizaje, diseño instruccional de ambientes a distancia, niveles de colaboración.

NIVELES DE COLABORACIÓN EN LAS ACTIVIDADES PROPUESTAS EN ESPACIOS VIRTUALES DE LA ASIGNATURA "TECNOLOGÍA PARA EL APRENDIZAJE"

CASO: CURSOS EN GOOGLE® SITES

Autor: Chacón, José

ABSTRACT

Technological media and the Internet allow a variety of tools that offer advantages in an educational proposal coherent with the university curriculum to be linked in the distance learning process. Its use implies that you can share and collaborate, feeling the company of peers and teacher, which solves the symptoms of the syndrome of "the loneliness of the student at a distance" (Leal, 2004). This was analyzed in the subject "Technologies for learning", housed in the Google® Site, where the objective was to analyze the levels of collaboration of the learning activities proposed in the virtual classrooms of the course "Technologies for Learning", the Metropolitan University (Year: 2018). The research is based on the Theory of Activity (Engeström, 2001). The conceptual bases touch on postulates of: distance education, constructivist paradigm, Web 2.0 tools and applied phases in design. We worked on the predominantly quantitative mixed methodology of Hernández, Fernández and Baptista (2010), with DIAC design, in two moments of collection: one of immersion, where student impressions were collected; and another in the field, where an instrument of 49 simple selection items was applied to 14 teachers. With the results it can be affirmed that the collaboration levels are subject to: characteristics, technological tools and instructional design of the activities. Weaknesses were found in the degree of student responsibility, which has to be developed from the supervision and follow-up of the course roadmap. This confirms that the situation is being caused by the lack of teaching advice, a revelation that teachers also made when they were consulted about the follow-up of the road map. The greatest weaknesses were found in 8 of the 10 stages of instructional design, this coinciding with what Leal (2004) calls "exoperceived causes".

DESCRIPTORS: characteristics of learning activities, instructional design of remote environments, levels of collaboration.

INTRODUCCIÓN

Las TIC en educación no solo han generado nuevas percepciones y oportunidades en los múltiples ámbitos de las relaciones entre los usuarios, sino que representan un reto constante hacia la redefinición de las iniciativas educativas en todos los niveles a escala mundial. Lo que en principio se interpretó como una solución para llevar la educación a lugares lejanos a cualquier hora y a menor costo, hoy se plantea como una potente herramienta para acceder al conocimiento global.

Es por ello que las instituciones de educación superior han visto esta modalidad como una ventaja para hacer crecer su oferta y penetrar más allá de su radio de acción geográfico, lo que las obliga a replantear incluso hasta los diseños curriculares, los materiales educativos, el perfil del docente y la estructura institucional. (Yong, Nagles, Mejía y Chaparro, 2017)

Visto desde el enfoque constructivista, los medios tecnológicos, sobre todo su cualidad de ser adaptables, permiten a los docentes visibilizar los entornos virtuales como un sitio donde se pueden hacer actividades colaborativas. Tal como lo expresa Bartolomé (1995):

> La flexibilidad de los nuevos medios tecnológicos ve en los espacios virtuales la manifestación de la nueva era tecnológica y la clase virtual es el lugar ideal de la educación que necesita la nueva sociedad porque en ellas la comunicación es bidireccional y la participación es alta (p. 47).

La comunicación bidireccional es potencialmente efectiva donde la participación de los usuarios es activa y frecuente. La Internet y la WWW han facilitado los espacios interactivos y son el principal medio de comunicación de masas, sobre todo con su infinidad de recursos y facilidades en materia de datos e informaciones.

La Internet utilizada adecuadamente permite vincular en el proceso de aprendizaje una variedad de herramientas sincrónicas (Chat y videoconferencias, SMS, Whatsapp) y asincrónicas (correo electrónico, foros, grupos, blogs, wikis) lo cual ofrece muchas ventajas pedagógicamente hablando, en el contexto de una propuesta educativa coherente con el currículo de cualquier institución de enseñanza universitaria. También puede la Internet servir de espacio de alojamiento de páginas web educativas donde pueden contener calendarios, textos, notas, lecturas o recomendaciones bibliográficas.

La aparición de todos estos recursos implica que los usuarios pueden compartir y colaborar de muchas maneras, sintiendo la compañía de sus pares y del docente. Lo que sustituye el carácter individual que muchas veces se le ha atribuido a la tecnología educativa y solventa los síntomas del llamado síndrome de "la soledad del estudiante a distancia" (Leal, 2004), una sensación que puede convertirse en algunos casos en "un estímulo frenador, negativo e inhibidor" (ob.cit; p. 2) que incluso podría conducirlos a la deserción.

Este autor, al referirse a la soledad del estudiante a distancia comenta que: "Dado que una de las características de la Educación a Distancia es la separación física entre estudiantes y profesores... la soledad puede explicar o predecir problemas que los participantes pudiesen tener en otros aspectos de su experiencia educativa" (ob.cit; p. 4). Incluso llegar a sentir: "angustia, ansiedad, preocupación permanente y desespero, elevándose así las posibilidades de no obtener el rendimiento académico deseado, con el subsiguiente sentimiento de fracaso" (ob.cit; p. 18)

Entre las causas de la soledad del estudiante a distancia, Leal (2004) menciona en su investigación de campo que algunas son exopercibidas; es decir, que son provocadas por agentes externos a los estudiantes, como pueden ser las actividades propuestas en los ambientes virtuales. El conocimiento de estas causas podría ser una gran ayuda para todos los interesados en desarrollar sistemas de educación a distancia de calidad, siendo de gran interés sobre todo aquellos directamente relacionados con el diseño de las aulas virtuales, la asesoría y la asistencia del docente, los espacios de encuentro y colaboración que se proponen y, en general, con el diseño instruccional. Las que menciona el autor citado, a saber:

Dentro de las causas exopercibidas, los estudiantes señalan las deficiencias en los dos sistemas de apoyo fundamentales de toda institución a distancia: la asesoría académica y la orientación. Ambos sistemas son percibidos como elementos o mecanismos propios ... que al no estar presentes o llevarse a cabo de manera poco efectiva, generan soledad en los estudiantes, quienes en algunos casos perciben y sienten a la modalidad ... como poco cálida e impersonal. (pp. 16-17)

Por su parte, autores como Mohammed y Ramírez (2009) plantean que la educación a distancia podría apoyarse en aplicaciones Web para integrar a las personas aunque estén separadas físicamente, desarrollando así una nueva forma de aprendizaje. Concretamente, proponen las herramientas de la Web 2.0:

> una nueva generación de aplicaciones Web que provee participación, colaboración e interacción en línea a los usuarios... que aunque no fueron explícitamente diseñadas para la educación, pueden usarse para empoderar a los estudiantes y crear nuevas oportunidades educativas facultando la transición de absorción del conocimiento a creación del mismo. (p. 2)

Explicar la evolución que ha llegado con la Web 2.0 puede hacerse con claros ejemplos. En este sentido, existen recursos tales como: Instagram (comunidades fotográficas), Ares (Descargas de música), Wikipedia (Enciclopedias), Blogs (Páginas personales), Wikis (Administradores de contenidos), Sites (portales Web gratuitos de Google), Micro blogging (Twitter), Youtube (repositorio de videos), entre otros.

Con estas herramientas Web 2.0 al alcance de los estudiantes, es obligación practicar el ejercicio de la lectura y la escritura para ser productores de conocimiento, utilizar los recursos gráficos y multimedia así como cualquier espacio 2.0 como un sitio para el debate y el intercambio. Ya no es necesario tener muchos conocimientos de informática para que los estudiantes tengan su espacio personal y sus propios lectores o usuarios; y eso, a nivel educativo es muy importante. Al respecto, Argote (2008) expone que: "El principal valor que ofrecen las herramientas Web 2.0 es la simplificación de la lectura y escritura en línea de los alumnos. Esto se traduce en dos acciones sustantivas del proceso de aprendizaje: generar contenidos y compartirlos entre iguales". (p. 1)

Cuatro experiencias prácticas que fomentan la Web 2.0 en los estudiantes están asociadas directamente con estas dos competencias lingüísticas que suelen estar debilitadas a nivel de educación superior. El autor citado sugiere una taxonomía de tales experiencias: -aprender haciendo, -aprender interactuando, -aprender buscando y -aprender compartiendo. Esta última representa "el valor esencial.. pues el proceso de intercambio de conocimientos y experiencias permite a los educandos participar activamente de un aprendizaje colaborativo". (p. 3)

Aprender de forma colaborativa ofrece la oportunidad de poner en común habilidades y competencias para contrastar ideas y puntos de vista, preguntarse, cuestionarse, plantearse retos y discutirlos, resolver problemas conjuntamente llegando al consenso y negociar entre distintos miembros. Todo ello debería estar presente en un entorno virtual, no obstante, esta característica de la colaboración debe estar previa e intencionalmente diseñada pedagógicamente para que puedan obtenerse resultados. Lo que quiere decir que no se produce en forma espontánea en los estudiantes, por mucho que ellos en otros contextos ya estén habituados a interactuar con frecuencia, como sucede en las redes sociales de su preferencia. (ob.cit)

Con todo lo planteado anteriormente, el investigador ha centrado su interés en los cursos virtuales de la Universidad Metropolitana de Caracas (UNIMET), pues como docente de dicha institución convive a diario con estudiantes pertenecientes a esta generación Google®, especialmente con los nuevos ingresos y los que aún no superan los primeros tres trimestres del año básico. No puede la UNIMET escapar de este contexto generacional, que es su realidad palpable en las aulas de clase, a los que se le han ofrecido algunas asignaturas a distancia, consciente como está la institución de la necesidad de formación de competencias lingüísticas como la lectura y la escritura en línea, así como habilidades y destrezas para la investigación y el trabajo en equipo, indispensables para su futuro dentro y fuera de la universidad.

Específicamente en el Departamento de Ciencias de la Educación de la UNIMET, existen dos asignaturas que se han diseñado y administrado a través de un Site (herramienta de Google®), como son: "Tecnologías para el aprendizaje" y "Gestión de la información", que se aplican en modalidad semi-presencial y a distancia. Los docentes que han participado de la experiencia a distancia han referido en varias ocasiones a este investigador, que no perciben un nivel de participación y colaboración entre estudiantes acorde con lo esperado por ellos.

De acuerdo con las impresiones recogidas por el investigador en una primera inmersión al problema, algunos estudiantes, sobre todo los de la modalidad totalmente a distancia, han puesto algunas quejas en relación a que las actividades son complejas e individuales, lo que aparentemente ha producido efectos negativos en su aprendizaje. Su opinión acerca de las mismas es que, aunque el docente indica que deben ser desarrolladas en equipo, solo perciben la suma de individualidades en el proceso, pero no la sinergia que suelen sentir aquellos que realmente trabajan de forma colaborativa. De estas afirmaciones, se pudo inferir que existen indicios evidentes de “soledad del estudiante a distancia” (Leal, 2004), al coincidir las conductas declaradas con lo expuesto por el autor citado.

Al estar los cursos alojados en una herramienta propicia para la colaboración entre estudiantes, como es el caso del Site de Google® que es una herramienta 2.0 por excelencia, cabría entonces suponer que la soledad que reportan los estudiantes de estos cursos podría deberse a que las actividades planteadas no están propiciando la colaboración entre los estudiantes, al ser cursos cuyo diseño es poco flexible (siguiendo la hipótesis de Duart y Reparaz, 2011).

Como hipótesis alternativa, la situación reportada por los estudiantes podría estar siendo originada en causas exopercibidas como la falta de asesoría y apoyo docente, siguiendo a Leal (2004). O bien, que se estén dando una combinación de situaciones que expliquen en buena medida lo percibido por los estudiantes. La hipótesis nula sería que ninguna de estas razones sean de peso para generar estas conductas individualistas en los estudiantes; de lo que se inferiría que las probables causas se encuentran en situaciones internas a cada individuo participante de los cursos a distancia de la UNIMET; o de otras razones no consideradas en este estudio, lo que sería objeto de ulterior investigación y no de la presente.

Para efectos de la presente investigación, se plantean las siguientes interrogantes:

¿Cómo se propicia la colaboración en las actividades de aprendizaje propuestas en las aulas virtuales del curso “Tecnologías para el Aprendizaje” de la Universidad Metropolitana (Año: 2018)?

¿Qué características tienen las actividades de aprendizaje propuestas en las aulas virtuales del curso "Tecnologías para el Aprendizaje" de la Universidad Metropolitana (Año: 2018)?

¿Qué uso se plantea dar a las herramientas Web 2.0 dentro de las actividades de aprendizaje propuestas en las aulas virtuales del curso "Tecnologías para el Aprendizaje" de la Universidad Metropolitana (Año: 2018)?

¿Cuáles son las fases aplicadas por los docentes en el diseño de actividades de aprendizaje propuestas en las aulas virtuales del curso "Tecnologías para el Aprendizaje" de la Universidad Metropolitana (Año: 2018)?

De donde surgen los siguientes objetivos:

Objetivo General

Analizar los niveles de colaboración de las actividades de aprendizaje propuestas en las aulas virtuales del curso "Tecnologías para el Aprendizaje", que se dicta en el trimestre X de la Universidad Metropolitana (Año: 2018).

Objetivos Específicos

1. Caracterizar las actividades de aprendizaje propuestas en las aulas virtuales del curso "Tecnologías para el Aprendizaje" de la Universidad Metropolitana (Año: 2018).
2. Identificar el uso de herramientas Web 2.0 para las actividades de aprendizaje propuestas en las aulas virtuales del curso "Tecnologías para el Aprendizaje" de la Universidad Metropolitana (Año: 2018).
3. Distinguir las fases aplicadas en el diseño de actividades de aprendizaje propuestas en las aulas virtuales del curso "Tecnologías para el Aprendizaje" de la Universidad Metropolitana (Año: 2018).

El uso de las TIC, particularmente las referidas a la Web 2.0, ofrecen una significativa posibilidad de eficiencia y eficacia del proceso educativo, tanto en la enseñanza como en el aprendizaje. Una de las bondades de Internet más comunes se relaciona con las utilización de distintas aplicaciones como lo son: el chat, el foro, el correo electrónico, blog, las listas de distribución y actualmente las redes sociales, además de una tecnología multimedia (manejo de audiovisuales fijos y con movimiento, hipertextos, entre otros) que permite cada vez más la conexión de ilimitadas redes de comunicación, permitiendo de esta manera, proporcionar y facilitar la interactividad, procesamiento, base de datos, comunicación sincrónica y asincrónica, entre otros.

Pero si esto no es bien manejado en un aula a distancia, todo este vasto potencial multimedia podría atiborrar y confundir al estudiante, produciendo desaciertos en el diseño de estrategias para este medio tecnológico. En tal sentido, la actividad investigativa se orientará principalmente a analizar la manera en la que se propician y qué medida se dan los niveles de colaboración que presentan en el curso de "Tecnología para el Aprendizaje" de la UNIMET.

La investigación está enmarcada en el estudio de la práctica diaria de los docentes del Departamento de Ciencias de la Educación de la UNIMET, los cuales vienen dictando desde hace más de cinco años, algunas asignaturas bajo la modalidad virtual, entre las que se encuentra el curso de "Tecnologías para el Aprendizaje". Este curso se toma como piloto para analizar los niveles de colaboración de las actividades de aprendizaje propuestas a los estudiantes, a fin de que que sirva de modelo para el resto de los cursos impartidos.

Esta investigación se inscribe en la línea de investigación "Las Tecnologías de la Información y la Comunicación (TIC)", que a su vez se inserta en el área de incumbencia Diseño y Medios (Mendoza, Arias y Prato, 2003), de la Maestría en Educación Abierta y a Distancia de la Universidad Nacional Abierta.

En el capítulo II se exponen los antecedentes y las bases teóricas que sirvieron de insumo para la definición de las categorías, dimensiones e indicadores de estudio, lo que posteriormente orientó la búsqueda de los datos en el campo. Los antecedentes tratan principalmente de investigaciones anteriores en donde se ha abordado el uso de las TIC y las herramientas de la Web 2.0, tanto para el desarrollo de cursos como para el desarrollo de actividades de aprendizaje.

Las bases teóricas tocan los principales postulados acerca de la educación a distancia y el paradigma de aprendizaje constructivista, los conceptos fundamentales relacionados al aprendizaje colaborativo, las herramientas Web 2.0 y las fases aplicadas en el diseño de actividades de aprendizaje dentro del enfoque constructivista de la instrucción.

En el capítulo III se presenta todo el proceso metodológico que sirvió de guía para alcanzar los objetivos de la investigación. Se plantea inicialmente el enfoque epistemológico, luego el diseño, la modalidad, el tipo y alcance del estudio; seguido de la población y muestra de participantes, las técnicas e instrumentos de recolección y de análisis de los datos y el procedimiento aplicado. Ello en correspondencia con el sistema de variables antes identificado.

Toda la estructura se corresponde con los criterios de la metodología de la investigación mixta predominantemente cuantitativa, que se ha planteado en Hernández, Fernández y Baptista (2010). Se pretende con esto resolver algunas carencias de los diseños puros, haciendo uso de técnicas preponderantemente cuantitativas con técnicas cualitativas de forma anidada, para comprender mejor el fenómeno de estudio que en este caso es de naturaleza socio-educativa, teniendo presente que la inclusión de las TIC en el proceso de enseñanza y aprendizaje en entornos a distancia es un hecho ya presente en instituciones de educación superior, como es el caso de la UNIMET.

De acuerdo con los autores citados, esta visión mixta se ha popularizado en estudios que abordan el hecho educativo, reconociendo que "su desarrollo en la primera década del siglo XXI ha sido vertiginoso" (p. 546). Esta investigación sigue esta tendencia en cuanto a la metodología planteada al considerarla como la más conveniente a la investigación, reforzando con ello la visión que los autores mencionados han propuesto, dada la naturaleza compleja del hecho educativo y más cuando se integran las TIC en contextos de educación a distancia.

En el capítulo IV se detallan y se analizan los resultados obtenidos con el instrumento aplicado en la fase de campo. Como ya se mencionó en el capítulo anterior, se contó con la participación de catorce (14) profesores del Departamento de Ciencias de la Educación de la UNIMET, quienes han diseñado y administrado el curso de "Tecnología para el aprendizaje" a través de la herramienta Google® Sites.

Los resultados de los cuarenta y nueve (49) items del instrumento se analizaron de forma individual. Adicionalmente, se presenta un análisis de cada una de sus partes y al cierre se presenta una síntesis general con lo más resaltante de cada resultado, así como los hallazgos o resultados no esperados. En la síntesis también se anidan los primeros datos obtenidos durante la fase de inmersión del problema.

En el capítulo V se desarrollan las conclusiones del estudio, tomando en cuenta tanto los aspectos consultados en el marco referencial, como los resultados obtenidos en la fase de campo. Las mismas se presentan partiendo de los objetivos específicos y el objetivo general, en el mismo orden planteado en el primer capítulo.

Gracias a la revisión documental y a los resultados obtenidos en la fase de campo, que se analizaron primeramente de manera separada y luego anidados con los resultados de la fase de inmersión, se puede afirmar que los niveles de colaboración están sujetos a las características de las actividades de aprendizaje, a las herramientas tecnológicas que se utilicen para desarrollar dichas actividades y al diseño instruccional del curso (por extensión, a todas sus etapas).

El análisis de los tres aspectos en forma separada permitió encontrar debilidades en el grado de responsabilidad de los estudiantes frente a las actividades colaborativas, el cual ha de desarrollarse a partir de la supervisión y el seguimiento de la hoja de ruta del curso. De lo contrario, se sienten desorientados y solos, lo que confirma la hipótesis alternativa planteada por el investigador de que la situación reportada por los estudiantes podría estar siendo originada en causas exopercibidas como la falta de asesoría y apoyo docente (Leal, 2004), revelación que también hicieron los profesores cuando se les consultó sobre el seguimiento de la hoja de ruta, donde aceptaron que dejan la responsabilidad en ellos. Por lo tanto, no son las actividades de aprendizaje per se, sino la soledad del estudiante a distancia, que se ha interpretado por los profesores como falta de responsabilidad.

Finalmente, las mayores debilidades se encontraron en ocho (8) de las diez (10) etapas del diseño instruccional del curso, siendo esto totalmente coincidente con lo que el autor citado denomina causas exopercibidas y no necesariamente con características endopercibidas de los estudiantes. En virtud de ello, en la actualidad los niveles de colaboración no son los que los profesores desearían percibir de sus estudiantes, incluso cabría la duda en cuanto a la efectividad en la promoción de aprendizajes de todo tipo y no solo del tipo colaborativo.

CAPÍTULO I
EL PROBLEMA

I.1. Contextualización del Problema

El uso de las Tecnologías de la Información y de la Comunicación (TIC) en el proceso de enseñanza y de aprendizaje ha ocupado espacios destacados dada la posibilidad de aportar beneficios para la generación del conocimiento. Su implementación en la educación, en todas sus modalidades, ha significado un cambio en muchos sentidos, pero sobre todo en términos de la interacción entre los usuarios que comparten saberes en aulas virtuales bajo modalidad a distancia, actividad que se ha transformado de manera importante desde la tercera hasta la presente quinta generación, denominada la de la educación interactiva. (Yong, Nagles, Mejía y Chaparro, 2017)

Ahora bien, las TIC en educación no solo han generado nuevas percepciones y oportunidades en los múltiples ámbitos de las relaciones entre los usuarios, sino que representan un reto constante hacia la redefinición de las iniciativas educativas en todos los niveles a escala mundial. Lo que en principio se interpretó como una solución para llevar la educación a lugares lejanos a cualquier hora y a menor costo, hoy se plantea como una potente herramienta para acceder al conocimiento global. Es por ello que las instituciones de educación superior han visto esta modalidad como una ventaja para hacer crecer su oferta y penetrar más allá de su radio de acción geográfico, lo que las obliga a replantear incluso hasta los diseños curriculares, los materiales educativos, el perfil del docente y la estructura institucional. (ob.cit)

El uso de las TIC en educación se convierte en una alternativa para ofrecer una enseñanza superior innovadora, pues constituye un modelo de apertura de las fronteras físicas, para lograr la integración de nuevos recursos didácticos y estrategias de enseñanza-aprendizaje. Pero para ello es necesaria la formación del profesorado quien será la pieza clave para lograr que se desarrollen actividades colaborativas que potencien el conocimiento entre los estudiantes, dejando de ser el centro de la instrucción para pasar a ser un mediador en el proceso de aprendizaje; en otras palabras, se habla de un "enfoque más centrado en el estudiante, que ha permitido no sólo la interacción del estudiante y el instructor sino, también la colaboración en tiempo real de los estudiantes, que se agrupan juntos en un espacio de aprendizaje" (Jardines, 2013; p. 230)

Este autor refiere que:

> A inicios de los años 90 se produjo la más reciente evolución del aprendizaje a distancia, con la expansión del Internet y de la World Wide Web (www), así como los avances del correo electrónico. El empleo del Internet como un medio educativo ayudó a inducir la educación a distancia de un enfoque conductista a un enfoque constructivista (Passerini y Granger, 2000). En esta cuarta generación, el aprendizaje a distancia desarrolló y fomentó una educación centrada en el alumno. (ibídem)

Visto desde el enfoque constructivista, los medios tecnológicos, sobre todo su cualidad de ser adaptables, permiten a los docentes visibilizar los entornos virtuales como un sitio donde se pueden hacer actividades colaborativas. Tal como lo expresa Bartolomé (1995):

> La flexibilidad de los nuevos medios tecnológicos ve en los espacios virtuales la manifestación de la nueva era tecnológica y la clase virtual es el lugar ideal de la educación que necesita la nueva sociedad porque en ellas la comunicación es bidireccional y la participación es alta (p. 47).

La comunicación bidireccional es potencialmente efectiva donde la participación de los usuarios es activa y frecuente. La Internet y la www han facilitado los espacios interactivos y son el principal medio de comunicación de masas, sobre todo con su infinidad de recursos y facilidades en materia de datos e informaciones. Cabero (2006b) comenta al respecto que:

> Estamos en un mundo donde las tecnologías de la información y comunicación tienen una presencia como no la habían alcanzado anteriormente en ninguna etapa de desarrollo de la humanidad, y al mismo tiempo nos hemos encontrado con una tecnología, la teleformación, que lo mismo que ocurrió en su momento con la imprenta, ha transformado nuestra forma de relacionarnos, configurar el mundo y desenvolvernos en él. En la actualidad las "www", "http", "@", "chat", "msm" o "comunidades virtuales"; son términos que comienzan a ser utilizados con frecuencia en nuestra cultura. (p. 2)

La Internet utilizada adecuadamente permite vincular en el proceso de aprendizaje una variedad de herramientas sincrónicas (Chat y videoconferencias, SMS, Whatsapp) y asincrónicas (correo electrónico, foros, grupos, blogs, wikis) lo cual ofrece muchas ventajas pedagógicamente hablando, en el contexto de una propuesta educativa coherente con el currículo de cualquier institución de enseñanza universitaria. También puede la Internet servir de espacio de alojamiento de páginas web educativas donde pueden contener calendarios, textos, notas, lecturas o recomendaciones bibliográficas.

La aparición de todos estos recursos implica que los usuarios pueden compartir y colaborar de muchas maneras, sintiendo la compañía de sus pares y del docente. Lo que sustituye el carácter individual que muchas veces se le ha atribuido a la tecnología educativa y solventa los síntomas del llamado síndrome de "la soledad del estudiante a distancia" (Leal, 2004), una sensación que puede convertirse en algunos casos en "un estímulo frenador, negativo e inhibidor" (ob.cit; p. 2) que incluso podría conducirlos a la deserción.

Este autor, al referirse a la soledad del estudiante a distancia comenta que: "Dado que una de las características de la Educación a Distancia es la separación física entre estudiantes y profesores... la soledad puede explicar o predecir problemas que los participantes pudiesen tener en otros aspectos de su experiencia educativa" (ob.cit; p. 4). Incluso llegar a sentir: "angustia, ansiedad, preocupación permanente y desespero, elevándose así las posibilidades de no obtener el rendimiento académico deseado, con el subsiguiente sentimiento de fracaso" (ob.cit; p. 18)

Esta situación ha estado presente y es palpable en la educación a distancia desde su primera generación. Algunos de sus detractores se han apoyado en esto para tildar la modalidad como una alternativa inviable en algunos contextos, sobre todo cuando los estudiantes son aún jóvenes, ávidos de establecer relaciones sociales cercanas por naturaleza, como parte de sus necesidades socio-evolutivas. Pero en otros casos, la soledad podría convertirse en acicate o estímulo para desarrollar el auto-conocimiento y la auto-regulación, lo que quiere decir que esta vivencia tiene dos vertientes: una negativa y otra positiva. (ob.cit)

Entre las causas de la soledad del estudiante a distancia, Leal (2004) menciona en su investigación de campo que algunas son exopercibidas; es decir, que son provocadas por agentes externos a los estudiantes, como pueden ser las actividades propuestas en los ambientes virtuales. El conocimiento de estas causas podría ser una gran ayuda para todos los interesados en desarrollar sistemas de educación a distancia de calidad, siendo de gran interés sobre todo aquellos directamente relacionados con el diseño de las aulas virtuales, la asesoría y la asistencia del docente, los espacios de encuentro y colaboración que se proponen y, en general, con el diseño instruccional. Las que menciona el autor citado, a saber:

> Dentro de las causas exopercibidas, los estudiantes señalan las deficiencias en los dos sistemas de apoyo fundamentales de toda institución a distancia: la asesoría académica y la orientación. Ambos sistemas son percibidos como elementos o mecanismos propios ... que al no estar presentes o llevarse a cabo de manera poco efectiva, generan soledad en los

> estudiantes, quienes en algunos casos perciben y sienten a la modalidad ... como poco cálida e impersonal. (pp. 16-17)

Por su parte, autores como Mohammed y Ramírez (2009) plantean que la educación a distancia podría apoyarse en aplicaciones Web para integrar a las personas aunque estén separadas físicamente, desarrollando así una nueva forma de aprendizaje. Concretamente, proponen las herramientas de la Web 2.0:

> una nueva generación de aplicaciones Web que provee participación, colaboración e interacción en línea a los usuarios... que aunque no fueron explícitamente diseñadas para la educación, pueden usarse para empoderar a los estudiantes y crear nuevas oportunidades educativas facultando la transición de absorción del conocimiento a creación del mismo. (p. 2)

Explicar la evolución que ha llegado con la Web 2.0 puede hacerse con claros ejemplos. En este sentido, existen recursos tales como: Instagram (comunidades fotográficas), Ares (Descargas de música), Wikipedia (Enciclopedias), Blogs (Páginas personales), Wikis (Administradores de contenidos), Sites (portales Web gratuitos de Google), Micro blogging (Twitter), Youtube (repositorio de videos), entre otros.

Estas herramientas no son una receta infalible en sí mismas, pues cada estudiante debe desarrollar su propia forma de asimilarlas y de comportarse en ellas. Pero lo que sí es cierto es que al estar al alcance, se puede fomentar su utilización y generar una actitud de participación y colaboración de manera más fácil que si no están accesibles a los estudiantes. En este sentido, Rodríguez (2008) sostiene que la Web 2.0:

> es una actitud más que una tecnología... <donde> los usuarios aportan valor al servicio de cinco formas posibles: conversando, compartiendo objetos digitales, valorando los contenidos, organizando los contenidos o estableciendo relaciones sociales... Se alude a una actitud 2.0 para hacer referencia a esa filosofía de datos abiertos y de búsqueda de participación del usuario en la creación de contenidos y en el desarrollo de los servicios web. (p. 7)

Con estas herramientas Web 2.0 al alcance de los estudiantes, es obligación practicar el ejercicio de la lectura y la escritura para ser productores de conocimiento, utilizar los recursos gráficos y multimedia así como cualquier espacio 2.0 como un sitio para el debate y el intercambio. Ya no es necesario tener muchos conocimientos de informática para que los estudiantes tengan su espacio personal y sus propios lectores o usuarios; y eso, a nivel educativo es muy importante. Al respecto, Argote (2008) expone que: "El principal valor que ofrecen las herramientas Web 2.0 es la simplificación de la lectura y escritura en línea de los alumnos. Esto se traduce en dos acciones sustantivas del proceso de aprendizaje: generar contenidos y compartirlos entre iguales". (p. 1)

Cuatro experiencias prácticas que fomentan la Web 2.0 en los estudiantes están asociadas directamente con estas dos competencias lingüísticas que suelen estar debilitadas a nivel de educación superior. El autor citado sugiere una taxonomía de tales experiencias: -aprender haciendo, -aprender interactuando, -aprender buscando y -aprender compartiendo. Esta última representa "el valor esencial... pues el proceso de intercambio de conocimientos y experiencias permite a los educandos participar activamente de un aprendizaje colaborativo". (p. 3)

Aprender de forma colaborativa ofrece la oportunidad de poner en común habilidades y competencias para contrastar ideas y puntos de vista, preguntarse, cuestionarse, plantearse retos y discutirlos, resolver problemas conjuntamente llegando al consenso y negociar entre distintos miembros. Todo ello debería estar presente en un entorno virtual, no obstante, esta característica de la colaboración debe estar previa e intencionalmente diseñada pedagógicamente para que puedan obtenerse resultados. Lo que quiere decir que no se produce en forma espontánea en los estudiantes, por mucho que ellos en otros contextos ya estén habituados a interactuar con frecuencia, como sucede en las redes sociales de su preferencia. (ob.cit)

Llevar a cabo proyectos de forma colaborativa en la red y/o desarrollar actividades colaborativas implica poner en marcha una serie de estrategias, técnicas y métodos de comunicación, de negociación, de organización y planificación, habilidades que son requeridas y valoradas actualmente a los profesionales que laboran en la sociedad de la información y la comunicación. En el ámbito universitario esto es de suma importancia, dada la responsabilidad que tiene la academia en formar profesionales que sean ciudadanos capaces de insertarse en un entorno laboral global, competitivo y de alto impulso tecnológico.

Iglesias y Rodrigo (2013) exponen que:

> se suma a lo anterior la llegada a la universidad de los nacidos a partir de 1993, la denominada Generación Google (g-Google), lo cual ha planteado definitivamente el reto de modificar el paradigma educativo que lleva vigente los últimos 200 años incorporando, entre otras cosas, las Tecnologías de la Información y la Comunicación (TIC) al proceso de enseñanza-aprendizaje... A esta nueva generación, se le puede considerar que carece de habilidades críticas y analíticas que impiden a los jóvenes juzgar la relevancia y confiabilidad de lo que encuentran en Internet. (p. 301)

Estos autores coinciden con Argote (2008) al resaltar la importancia de las estrategias pedagógicas montadas en la Web 2.0, como herramientas para desarrollar a través de experiencias prácticas las habilidades y destrezas lingüísticas, de investigación y de formación para el trabajo en equipo. Pero, como bien apuntan Duart y Reparaz (2011), esto sitúa al docente en el centro del cambio, al dejar en este la flexibilización del diseño de los espacios de enseñanza aprendizaje:

> El uso de la tecnología modifica el diseño del proceso docente. Collis y Moonen (2001) definieron en su libro *Flexible learning* hace ya diez años el concepto de flexibilidad que aporta la tecnología en los procesos docentes. Los autores sitúan las aplicaciones tecnológicas en el ámbito de los recursos

> y al docente como al experto capaz de seleccionar y trabajar adecuadamente con esos recursos. Usando uno de sus símiles para describir la flexibilidad en la docencia, podríamos decir que las aplicaciones tecnológicas (campus virtuales, foros, wikis, blogs, etc.) son como un banco de herramientas; el uso de esas herramientas para construir adecuadamente depende de la pericia del profesional (Collis y Moonen, 2006). El uso de las herramientas tecnológicas o aplicaciones, conduce a la creación de planes docentes flexibles, personalizados y adaptados a los niveles y necesidades de los estudiantes. (pp. 14-15)

Con todo lo planteado anteriormente, el investigador ha centrado su interés en los cursos virtuales de la Universidad Metropolitana de Caracas (UNIMET), pues como docente de dicha institución convive a diario con estudiantes pertenecientes a esta generación Google®, especialmente con los nuevos ingresos y los que aún no superan los primeros tres trimestres del año básico. No puede la UNIMET escapar de este contexto generacional, que es su realidad palpable en las aulas de clase, a los que se le han ofrecido algunas asignaturas a distancia, consciente como está la institución de la necesidad de formación de competencias lingüísticas como la lectura y la escritura en línea, así como habilidades y destrezas para la investigación y el trabajo en equipo, indispensables para su futuro dentro y fuera de la universidad.

Específicamente en el Departamento de Ciencias de la Educación de la UNIMET, existen dos asignaturas que se han diseñado y administrado a través de un Site (herramienta de Google®), como son: "Tecnologías para el aprendizaje" y "Gestión de la información", que se aplican en modalidad semi-presencial y a distancia. Los docentes que han participado de la experiencia a distancia han referido en varias ocasiones a este investigador, que no perciben un nivel de participación y colaboración entre estudiantes acorde con lo esperado por ellos.

De acuerdo con las impresiones recogidas por el investigador en una primera inmersión al problema, algunos estudiantes, sobre todo los de la modalidad totalmente a distancia, han puesto algunas quejas en relación a que las actividades son complejas e individuales, lo que aparentemente ha producido efectos negativos en su aprendizaje. Su opinión acerca de las mismas es que, aunque el docente indica que deben ser desarrolladas en equipo, solo perciben la suma de individualidades en el proceso, pero no la sinergia que suelen sentir aquellos que realmente trabajan de forma colaborativa. De estas afirmaciones, se pudo inferir que existen indicios evidentes de "soledad del estudiante a distancia" (Leal, 2004), al coincidir las conductas declaradas con lo expuesto por el autor citado.

Al estar los cursos alojados en una herramienta propicia para la colaboración entre estudiantes, como es el caso del Site de Google® que es una herramienta 2.0 por excelencia, cabría entonces suponer que la soledad que reportan los estudiantes de estos cursos podría deberse a que las actividades planteadas no están propiciando la colaboración entre los estudiantes, al ser cursos cuyo diseño es poco flexible (siguiendo la hipótesis de Duart y Reparaz, 2011).

Como hipótesis alternativa, la situación reportada por los estudiantes podría estar siendo originada en causas exopercibidas como la falta de asesoría y apoyo docente, siguiendo a Leal (2004). O bien, que se estén dando una combinación de situaciones que expliquen en buena medida lo percibido por los estudiantes. La hipótesis nula sería que ninguna de estas razones sean de peso para generar estas conductas individualistas en los estudiantes; de lo que se inferiría que las probables causas se encuentran en situaciones internas a cada individuo participante de los cursos a distancia de la UNIMET; o de otras razones no consideradas en este estudio, lo que sería objeto de ulterior investigación y no de la presente.

Esto es precisamente lo que el investigador desea averiguar, a fin de introducir las mejoras necesarias y potenciar el aprendizaje colaborativo en los estudiantes, con lo cual se estaría afianzando la competencia del trabajo en equipo, tan necesaria en la sociedad de hoy.

I.2. Formulación del Problema

Para efectos de la presente investigación, se plantean las siguientes interrogantes:

¿Cómo se propicia la colaboración en las actividades de aprendizaje propuestas en las aulas virtuales del curso "Tecnologías para el Aprendizaje" de la Universidad Metropolitana (Año: 2018)?

¿Qué características tienen las actividades de aprendizaje propuestas en las aulas virtuales del curso "Tecnologías para el Aprendizaje" de la Universidad Metropolitana (Año: 2018)?

¿Qué uso se plantea dar a las herramientas Web 2.0 dentro de las actividades de aprendizaje propuestas en las aulas virtuales del curso "Tecnologías para el Aprendizaje" de la Universidad Metropolitana (Año: 2018)?

¿Cuáles son las fases aplicadas por los docentes en el diseño de actividades de aprendizaje propuestas en las aulas virtuales del curso "Tecnologías para el Aprendizaje" de la Universidad Metropolitana (Año: 2018)?

I.3. Objetivos de la investigación

I.3.1. Objetivo General

Analizar los niveles de colaboración de las actividades de aprendizaje propuestas en las aulas virtuales del curso "Tecnologías para el Aprendizaje", que se dicta en el trimestre X de la Universidad Metropolitana (Año: 2018).

I.3.2. Objetivos Específicos

4. Caracterizar las actividades de aprendizaje propuestas en las aulas virtuales del curso "Tecnologías para el Aprendizaje" de la Universidad Metropolitana (Año: 2018).
5. Identificar el uso de herramientas Web 2.0 para las actividades de aprendizaje propuestas en las aulas virtuales del curso "Tecnologías para el Aprendizaje" de la Universidad Metropolitana (Año: 2018).
6. Distinguir las fases aplicadas en el diseño de actividades de aprendizaje propuestas en las aulas virtuales del curso "Tecnologías para el Aprendizaje" de la Universidad Metropolitana (Año: 2018).

I.4. Justificación

Se ha venido planteando desde hace al menos veinte años, la importancia de las TIC para promover el aprendizaje colaborativo y cooperativo en los estudiantes universitarios, desde que salió al tapete la Web 2.0, también conocida como la Web interactiva. Sin embargo, solo la utilización de las TIC no implica que se propicie el aprendizaje colaborativo o cooperativo entre los estudiantes que participan en cursos a distancia.

El uso de las TIC, particularmente las referidas a la Web 2.0, ofrecen una significativa posibilidad de eficiencia y eficacia del proceso educativo, tanto en la enseñanza como en el aprendizaje. Una de las bondades de Internet más comunes se relaciona con las utilización de distintas aplicaciones como lo son: el chat, el foro, el correo electrónico, blog, las listas de distribución y actualmente las redes sociales, además de una tecnología multimedia (manejo de audiovisuales fijos y con movimiento, hipertextos, entre otros) que permite cada vez más la conexión de ilimitadas redes de comunicación, permitiendo de esta manera, proporcionar y facilitar la interactividad, procesamiento, base de datos, comunicación sincrónica y asincrónica, entre otros.

Pero si esto no es bien manejado en un aula a distancia, todo este vasto potencial multimedia podría atiborrar y confundir al estudiante, produciendo desaciertos en el diseño de estrategias para este medio tecnológico. En tal sentido, la actividad investigativa se orientará principalmente a analizar la manera en la que se propician y qué medida se dan los niveles de colaboración que presentan en el curso de "Tecnología para el Aprendizaje" de la UNIMET.

En cuanto a los beneficios que podría traer esta investigación, se cree que puede aportar luces en cuanto al funcionamiento de las actividades de aprendizaje, lo que se traduce en un mejor acoplamiento de los estudiantes a la modalidad a distancia. Esto podría resolver muchos problemas de motivación, además de servir para recomendar alternativas en el diseño y aplicación de este tipo de actividades, con el perfeccionamiento constante de los docentes que administran este tipo de curso en la institución, quienes podrían multiplicar cuando esta experiencia sea masificada a otros departamentos o dependencias unimetanas.

Así mismo, esta experiencia favorecerá el uso de este tipo de cursos a otros contenidos cuyas características sean similares al ya descrito, sobre todo si esto permite tener más conciencia de la necesidad de ofrecer formación en la temática de las Tecnologías de la Información y de la Comunicación, como vía hacia un mejor aprovechamiento y actualización de los contenidos en varias facultades y departamentos de la UNIMET.

En cuanto a la relevancia de esta investigación, es importante señalar que la misma puede representar un paso previo para expandir este tipo de modalidad no sólo en las actividades del departamento en cuestión, sino a todos los ámbitos de la UNIMET. Mientras que para la Universidad Nacional Abierta, esta investigación puede ser de apoyo en la implementación de actividades colaborativas y cooperativas en sus diseños instruccionales, así como podría favorecer la formación actualizada y contextualizada de tutores virtuales en las distintas herramientas Web 2.0, además de servir de antecedente para futuras investigaciones.

I.5. Delimitación

La investigación está enmarcada en el estudio de la práctica diaria de los docentes del Departamento de Ciencias de la Educación de la UNIMET, los cuales vienen dictando desde hace más de cinco años, algunas asignaturas bajo la modalidad virtual, entre las que se encuentra el curso de "Tecnologías para el Aprendizaje". Este curso se toma como piloto para analizar los niveles de colaboración de las actividades de aprendizaje propuestas a los estudiantes, a fin de que que sirva de modelo para el resto de los cursos impartidos.

I.6. Área de incumbencia de la MEAD

Esta investigación se inscribe en la línea de investigación "Las Tecnologías de la Información y la Comunicación (TIC)", que a su vez se inserta en el área de incumbencia Diseño y Medios (Mendoza, Arias y Prato, 2003), de la Maestría en Educación Abierta y a Distancia de la Universidad Nacional Abierta.

Como se sabe, el diseño es la capacidad de modelar una realidad a partir de elementos conceptuales y/o empíricos, para poder transformarla. En este caso, se analiza el diseño instruccional que derivó en las distintas actividades colaborativas y cooperativas que tienen los cursos a distancia de la UNIMET. De allí que estos cursos representan el medio principal para la interacción educativa entre el sujeto, la realidad y la institución.

CAPÍTULO II
MARCO REFERENCIAL

En este capítulo se exponen los antecedentes y las bases teóricas que sirvieron de insumo para la definición de las categorías, dimensiones e indicadores de estudio, lo que posteriormente orientó la búsqueda de los datos en el campo. Los antecedentes tratan principalmente de investigaciones anteriores en donde se ha abordado el uso de las TIC y las herramientas de la Web 2.0, tanto para el desarrollo de cursos como para el desarrollo de actividades de aprendizaje.

Las bases teóricas tocan los principales postulados acerca de la educación a distancia y el paradigma de aprendizaje constructivista, los conceptos fundamentales relacionados al aprendizaje colaborativo, las herramientas Web 2.0 y las fases aplicadas en el diseño de actividades de aprendizaje dentro del enfoque constructivista de la instrucción.

II.1. Antecedentes

De la revisión documental, se traen a colación algunos trabajos interesantes, para efectos de cubrir las evidencias empíricas necesarias para esta investigación. Se ordenaron en forma ascendente, comenzando por el más antiguo, dando preferencia cultural a aquellos realizados en el contexto latinoamericano, nacional e institucional.

Harrar y Alcaide (2010) presentaron el trabajo titulado "Aplicación del análisis conjunto para la evaluación de un curso de Ingeniería basado en la Plataforma Pl@tUM", la cual se utilizaba en la UNIMET para alojar los cursos a distancia. El objetivo general de la investigación fue evaluar una serie de perfiles en la asignatura "Principios de Procesos Industriales" dictada en la modalidad a distancia. Se seleccionaron cuatro atributos, a saber; actividades, contenidos, evaluación y duración con diferentes niveles, para un total de 24 alternativas (3x2x2x2).

El diseño del curso bajo estudio estuvo apoyado en la mediación tecnológica denominada AcAd (Aprendizaje Colaborativo en Ambientes Distribuidos), que persigue motivar y apoyar a los docentes en la transformación del modelo de enseñanza centrado en el profesor, a un nuevo modelo centrado en el estudiante. El modelo se fundamenta en la teoría constructivista del aprendizaje y se centra en el aprendizaje significativo con énfasis en procesos cognitivos, de manera de exaltar el rol activo de profesores y alumnos, a la vez que busca promover la tecnología como un medio facilitador del proceso enseñanza-aprendizaje de manera colaborativa.

El diseño metodológico de campo seleccionado fue el factorial ortogonal, con 16 de las 24 alternativas. Se aplicó una encuesta presencial a 63 estudiantes cursantes de la asignatura. Se procesaron las encuestas con ayuda del paquete estadístico SPSS 12.0, obteniéndose las regresiones lineales individuales para el cálculo de la utilidad relativa de cada uno de los atributos. Adicionalmente, se realizó una simulación de mercados por el método de Primera Elección y por el método LOGIT con el fin de determinar la cuota de mercado de los diferentes productos evaluados.

Los resultados mostraron que el atributo con la mayor importancia relativa en la selección es la duración de los cursos, seguido por el uso de evaluaciones continuas. El renglón de contenidos ocupó una posición de menor relevancia ya que aparentemente los estudiantes están capacitados para la búsqueda de su información por diferentes vías, no siendo esto un parámetro crítico para la aceptación del curso. En cuanto a las actividades de aprendizaje, la investigación aportó que existe preferencia hacia las evaluaciones basadas en actividades y no en exámenes, lo cual confirma una tendencia generalizada en la UNIMET de evitar en la medida de lo posible las pruebas escritas como sistema de evaluación. También se apreció que existe consistencia en cuanto a realizar actividades en grupo.

Esta investigación resultó ser un valioso aporte que mostró, por una parte, la tendencia de la UNIMET en potenciar los cursos a distancia. Asimismo, evidenció la preferencia de los estudiantes por actividades grupales colaborativas en consonancia con el paradigma constructivista de la instrucción a distancia. No obstante, no analiza en qué medida se da el aprendizaje colaborativo, por lo que se considera que la presente investigación aporta en profundidad y por añadidura a la citada, lo que las actividades de aprendizaje pueden contribuir para el desarrollo del aprendizaje colaborativo en la UNIMET.

Guiza (2011) presentó la tesis doctoral denominada "Trabajo Colaborativo en la Web: Entorno Virtual de Autogestión para docentes", realizada en la Universidad Autónoma de Baja California (UABC), en los campi Mexicali, Tijuana y Ensenada (México). La misma se dividió en dos estudios, de los cuales interesa el primero, el cual responde a las preguntas: ¿Hasta qué grado utilizan los docentes el trabajo colaborativo al impartir su cátedra en el ambiente virtual? y ¿Cuáles son las herramientas, actividades y estrategias que los profesores utilizan en sus clases en el ambiente virtual?

Se trató de un diseño de campo de nivel descriptivo. Se diseñó una muestra de 24 profesores, estratificada por años antigüedad (no estadística). El instrumento utilizado fue una entrevista abierta aplicada presencialmente. Se realizó un análisis de contenido apoyado en el programa Atlas.ti. y posteriormente se graficaron las frecuencias de las variables para cada una de las familias de herramientas, actividades y estrategias virtuales.

Los resultados mostraron que los profesores de mayor antigüedad fueron los que más aplicaban el trabajo colaborativo al impartir sus clases en el ambiente "Blackboard", utilizando una o varias técnicas colaborativas tales como: el desarrollo de habilidades comunicativas e interpersonales en un ambiente horizontal donde las relaciones son simétricas y recíprocas, lo que genera confianza en el estudiante; la aplicación de guiones como forma de orientar la instrucción; y la negociación y la mediación como forma de ofrecer la instrucción. De lo que se infiere que la experiencia en la mediación de cursos a distancia jugó un papel fundamental a la hora de planificar y promover actividades colaborativas entre los estudiantes.

Estos resultados indican que el papel del docente como mediador en la educación a distancia, desde una perspectiva constructivista, genera el ambiente necesario (currículo oculto) para que los estudiantes se sientan animados y participen activamente en actividades. No son las actividades propiamente dichas ni su diseño formal, sino el comportamiento del docente que ha de ser cercano, para el estudiante pierda el miedo y se sienta acompañado a lo largo del curso.

Barros, Vélez y Verdejo (2013), presentaron una investigación titulada "Experiencias de aplicación de la Teoría de la Actividad en el desarrollo de Sistemas Colaborativos de Enseñanza y Aprendizaje", cuya finalidad fue describir cómo se ha aplicado e interpretado la Teoría de la Actividad en el desarrollo de entornos colaborativos de enseñanza y aprendizaje, organizadas desde dos perspectivas, una tomando la teoría como referencia para modelar experiencias y llevar a cabo análisis de sistemas; y la segunda, como base para la generación de plataformas informáticas susceptibles de ser aplicadas en educación superior.

Quizás el aporte más significativo de esta investigación fue la teoría que se utilizó para sostenerla, conocida como Teoría de la Actividad, que tiene sus raíces en el enfoque socio-histórico de Vygotsky (1981; ob.cit). A partir de este, Emgeström (1987; ob.cit) desarrolló un modelo para realizar el análisis de las actividades y representarlas. Esta teoría ofrece un marco conceptual en el que situar los elementos sociales y tecnológicos de un sistema en una misma unidad de análisis, llamada actividad; otros elementos importantes son el objetivo de la actividad, su resultado, la comunidad que la desarrolla junto a sus reglas sociales, el sujeto de la actividad y las herramientas que se utilizan para llevarla a cabo.

Este modelo fue desarrollado en su totalidad y puesto en práctica, con algunas restricciones, en el grupo de investigación de aprendizaje colaborativo "LTCS" de la Universidad Nacional de Educación a Distancia (UNED), pionera en el desarrollo de cursos a distancia y virtuales. Se creó una metodología que permitiese aplicar la teoría en cuestión, partiendo de la premisa de que una actividad puede descomponerse en otras más simples, que se detallan como partes de la misma. La división del trabajo se planteó como una forma de realizar una adecuada planificación de la unidad de análisis. Cada tarea permite además hacer una asociación a aquellos recursos necesarios para su realización e implica todos los artefactos de mediación que puede implementar el docente. También puede suceder que una actividad responda a la vez a varios objetivos, dando lugar a una secuencia como parte de la organización de la comunidad.

Bajo estas directrices, se realizaron el análisis y diseño del sistema DEGREE para trabajo colaborativo a distancia que se desarrolló en la UNED y fue evaluado en prueba piloto con usuarios de educación a distancia. Los resultados de la prueba piloto demuestran que el uso de la Teoría de la Actividad para el diseño de cursos tiene resultados positivos. Sin embargo, pudo destacarse un inconveniente importante de estas aproximaciones, pues aún no se dispone de las herramientas ni del entorno de descripción adecuado para guiar al diseñador informático de experiencias colaborativas.

El modelo teórico de la actividad, se presenta seguidamente en la Figura 1:

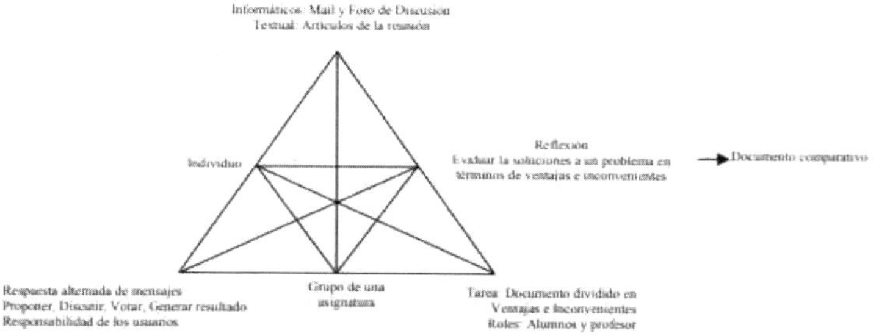

Figura 1. Actividad que representa una experiencia colaborativa
Fuente: Barros, Vélez y Verdejo (2013)

Entre los aportes más significativos de esta investigación está el diseño de las "Plantillas Abiertas", que ofrecen un nivel de definición de la actividad completamente libre de cara a las acciones que pueden realizar los usuarios. En este sentido, la actividad únicamente impone una serie de objetivos que deben ser alcanzados colaborativamente por los usuarios en el desarrollo de la misma. La comunidad presenta una estructura de grupo, completamente libre. Los recursos son una colección de herramientas y elementos digitales propiamente dichos que quedan a disposición de los usuarios.

Mora y Hooper (2016) efectuaron una investigación denominada "Trabajo colaborativo en ambientes virtuales de aprendizaje: Algunas reflexiones y perspectivas estudiantiles", acerca de la percepción que tiene el estudiantado del concepto y las implicaciones del trabajo colaborativo en dos cursos en línea que facilita la Dirección de Extensión Universitaria (Dirextu) en la Universidad Estatal a Distancia (UNED) de Costa Rica. Su objetivo fue destacar la diferencia que existe entre el trabajo colaborativo y el trabajo grupal, así como conocer las herramientas que se pueden utilizar para la promoción de este tipo de actividades en los entornos virtuales de aprendizaje.

La metodología empleada fue el diseño de campo de nivel comparativo. Se utilizó un instrumento tipo cuestionario con preguntas cerradas y abiertas, que se aplicó a dos grupos de estudiantes pertenecientes a sendos cursos virtuales diferentes, que se analizó a partir de técnicas cuantitativas estadísticas. Los resultados más significativos en función de las diferencias entre trabajo grupal y trabajo colaborativo, se muestran en el siguiente Cuadro:

Cuadro 1. Diferencias entre trabajo colaborativo y trabajo grupal

Trabajo colaborativo	Trabajo grupal
Las reglas de trabajo las dictamina el profesorado.	Las reglas del trabajo suelen hacerlas los mismos individuos integrantes del grupo (cantidad de colaboraciones y periodo para hacerlas).
Todas las personas aportan y construyen para obtener un resultado.	Se dividen y distribuyen los trabajos.
Colaborar signi—ca respetar, escuchar y tomar en cuenta la participación de las otras personas.	No necesariamente se colabora con el compañero o compañera, la tradición es que cada uno hace su parte y luego se une.
En el trabajo colaborativo se logra llegar a un objetivo haciendo aportes progresivos.	Se llega a un objetivo de grupo.
Es trabajar con una o más personas.	Incluye trabajo grupal o realizar una actividad que bene—cie al grupo.
Es crucial garantizar el equilibrio y la participación de la totalidad de miembros.	No garantiza equilibrio ni participación pertinente de todos sus miembros.

Fuente: Mora y Hooper (2016)

Asimismo, en cuanto a las ventajas del aprendizaje colaborativo, los autores refieren que la muestra se inclinó por favorecer la organización que dichas actividades promueven, tal y como puede observarse en la Figura 2:

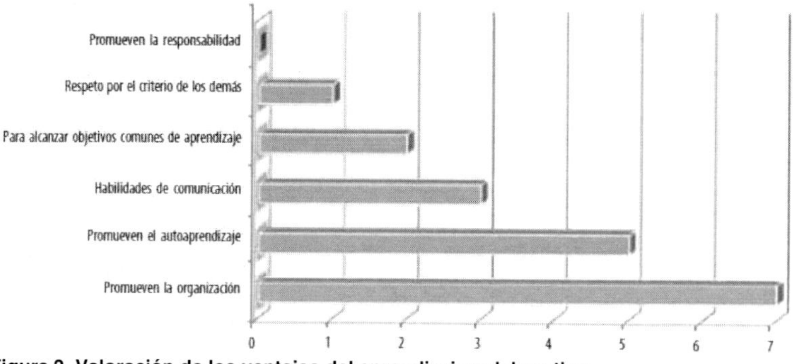

Figura 2. Valoración de las ventajas del aprendizaje colaborativo
Fuente: Mora y Hooper (2016)

De lo anterior, los autores concluyeron que si bien el estudiantado no tiene claro el concepto de trabajo colaborativo, sí señalan la mayoría de los principios que lo diferencian del trabajo en grupo, a pesar de que cuando se realiza la pregunta sobre si existe o no diferencias entre ambos, el 47% señala que no. Con ello, se infiere que es probable que exista una dificultad para brindar la conceptualización del trabajo colaborativo, pero no así de sus principales características, dado que tienen claro que este propicia la ayuda entre pares, mientras que el otro favorece la competencia.

Para efectos de esta investigación, esto constituye un aporte de vital importancia puesto que se tiene la misma percepción de que los estudiantes de la UNIMET, incluso los profesores, podrían no tener claras estas diferencias, razón por la cual probablemente no ven las ventajas diferenciales entre uno y otro tipo de actividad de aprendizaje.

Finalmente, se presenta la investigación de Rodríguez y Espinoza (2017), titulada: "Trabajo colaborativo y estrategias de aprendizaje en entornos virtuales en jóvenes universitarios", cuyo objetivo general fue analizar la relación que existe entre el trabajo colaborativo y las estrategias de aprendizaje utilizadas por los jóvenes para su aprovechamiento en entornos virtuales, partiendo de la identificación de sus preferencias para luego describir las estrategias utilizadas en el desempeño, cuando entran en contacto con los entornos virtuales de aprendizaje.

En cuanto al diseño metodológico se utilizó el de campo, con enfoque cuantitativo de tipo *ex post-facto* y un nivel de alcance descriptivo de las unidades de análisis consideradas cuales fueron el trabajo colaborativo y las estrategias de aprendizaje. Como muestra de estudio, se trabajó con 150 estudiantes del nivel medio superior y superior, del estado de Sinaloa, en México.

Los resultados muestran que los estudiantes más jóvenes, a pesar de mostrar facilidad para la búsqueda de información, no poseen iniciativa para la búsqueda de estrategias que por sí mismos les permitan discriminar y seleccionar la información que necesitan en su proceso de análisis. Además, presentan dificultades para el manejo de plataformas virtuales debido a que perciben que no hay participación por parte del docente. Los autores sostienen que:

> Esta es una de las principales razones por las que los entornos virtuales no logran la motivación suficiente en el estudiante pues sin un profesor convencido y habilitado, el estudiante no encuentra ese punto de donde afianzarse para continuar en la exploración y la controversia de la que se aprende en la sociedad de la información. (párr. 10, discusión)

De esta afirmación se infiere que las causas exopercibidas por los estudiantes, que tienen que ver con el acompañamiento del docente como principal estrategia de mediación, son una constante en los estudios acerca de los entornos virtuales y su impacto en el proceso de aprendizaje, lo que refuerza la hipótesis alternativa planteada por el investigador en el presente estudio. Esto constituye un llamado a la necesidad de formación docente para mediar en plataformas virtuales, lo que implica un cambio de paradigma en su rol como orientadores del proceso, amén de las destrezas tecnológicas que deben tener.

II.2. Bases teóricas y conceptuales

La universidad como tal, es una organización multicultural y compleja, es decir, que impulsa una actividad representativa de la dinámica de la sociedad toda, al replicar en escala inferior su dinámica. En este sentido, la docencia universitaria es también polifacética y multivariable (Hernández, González y Muñoz, 2014); por lo que pensar en una enseñanza solamente de transmisión de conocimientos pareciera estar desfasada considerando lo que hoy por hoy se puede lograr a través de los medios digitales de forma totalmente autónoma.

Los grupos de estudiantes (sobre todo adultos) tienen múltiples experiencias y conocimientos. Por esto, la forma de trabajar colaborativamente permite contrastar esos puntos de vistas y grados de compresión, para producir aprendizajes sinérgicos, muchos más ricos, derivados de la diversidad. Tanto los estudiantes con un mayor grado de comprensión como aquellos que por múltiples motivos se les dificulta el aprendizaje, se benefician con el trabajo colaborativo bien planificado. Los distintos enfoques así como la diversidad de experiencias no solo favorecen el aprendizaje sino que lo enriquecen de forma exponencial.

Autores como Exley y Dennick (2007) plantean que es sumamente importante delimitar adecuadamente los objetivos primordiales del trabajo colaborativo y señalan lo relevante de tener reglas básicas, así como un marco actitudinal y racional, para todo lo referente a este tipo de estrategia de aprendizaje. Los autores señalan que cuando este proceso no se realiza, aparecen los equipos disfuncionales, que lucen estructurados pero que no alcanzan ningún resultado efectivo.

Con esta breve introducción como abreboca, se propone abordar la Teoría de la Actividad como principal fundamento teórico que sostiene el trabajo colaborativo y, en consecuencia, el aprendizaje colaborativo que se deriva de la puesta en práctica de este tipo de actividades de aprendizaje, siendo esto la principal unidad de análisis de la presente investigación. Seguidamente, se presentan aspectos teórico-conceptuales asociados a la Internet y las herramientas Web 2.0 que favorecen el aprendizaje colaborativo y que pueden ser incluidas en entornos de educación a distancia a nivel superior, para cerrar con las fases para el diseño de actividades de aprendizaje colaborativo; todo lo cual permite la construcción del sistema de variables de la presente investigación.

II.2.1. Teoría de la Actividad

Los orígenes de esta teoría se encuentran en los estudios de Lev Vygotsky y su enfoque socio-histórico del aprendizaje. a quien le siguió Alex Leontiev, ambos citados por Engeström (2001). A este último se le atribuye el desarrollo particular de lo que se conoce como la tercera generación de la teoría socio-histórica, que se enfoca principalmente en "El concepto de actividad <que> llevó un gran paso adelante al paradigma en el sentido de que viró el foco hacia las complejas interrelaciones entre el sujeto individual y su comunidad". (ob.cit; p. 2)

En esta tercera generación de la teoría socio-histórica, se desarrollan herramientas conceptuales para entender el diálogo, las múltiples perspectivas y las redes de interacción de los sistemas de actividad que se verifican en contextos culturales específicos donde el aprendizaje es el objetivo principal. La ampliación de la teoría sistematiza un esquema donde la interacción entre los sujetos presentes en el acto de aprendizaje da como resultado un tercer objeto de aprendizaje, que bien podría comenzar a llamarse el aprendizaje colaborativo, al ser la zona de intersección entre las diferentes zonas de aprendizaje de los actores en el proceso, tal y como se observa en la Figura 3 a continuación:

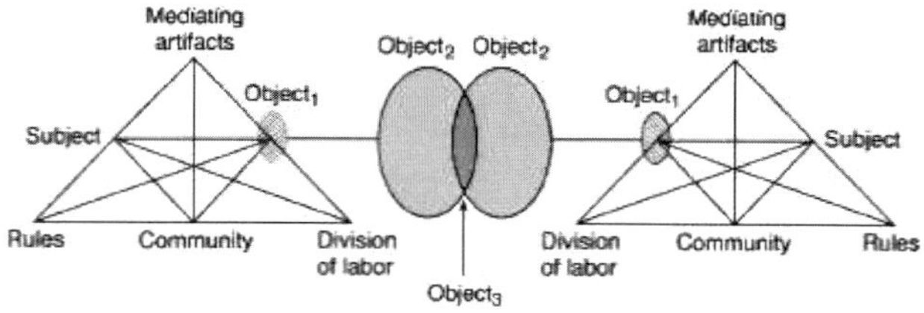

Figura 3. Dos sistemas de interacción como modelo mínimo de la tercera generación de la teoría de la actividad
Fuente: Engeström (2001)

En forma resumida el autor expresa la esencialidad de la teoría en cinco principios, a saber:

> El primer principio es que un sistema de actividad colectivo mediado por artefactos y orientado a objetos, considerado en su red de relaciones con otros sistemas de actividad, se toma como principal unidad de análisis... El segundo principio es el de la multiplicidad de voces de los sistemas de

> actividad. Un sistema de actividad es siempre una comunidad de múltiples puntos de vista, tradiciones e intereses... El tercer principio es la historicidad. Los sistemas de actividad toman forma y se transforman durante largos períodos de tiempo... El cuarto principio es el papel central de las contradicciones como fuentes de cambio y desarrollo. Las contradicciones no son lo mismo que los problemas o conflictos. Las contradicciones están históricamente acumulando tensiones estructurales dentro y entre los sistemas de actividad... El quinto principio proclama la posibilidad de transformaciones expansivas en los sistemas de actividad. Los sistemas de actividad se desplazan a través de ciclos relativamente largos de transformaciones cualitativas. (p. 3)

La teoría de la actividad se asocia a un tipo de aprendizaje que el autor denomina "expansivo" (ob.cit), dada su característica de ser sinérgico y "poderosamente horizontal" (ob.cit). En palabras del autor: "El objeto de la actividad de aprendizaje expansivo es toda la actividad del sistema en el que los aprendices están comprometidos. <que> produce nuevos patrones culturales de actividad <y> nuevas formas de actividad laboral". (p. 5)

De esto se desprende el fundamento principal de la presente investigación, en tanto se deduce que el aprendizaje colaborativo no es de cada quien, sino que es el resultado de una combinatoria de conocimientos, que, puestos en conflicto en algún momento del trayecto de aprendizaje, genera ondas expansivas que involucran a todos los participantes que van aportando su grano de arena y van recibiendo de los demás el impulso necesario para internalizar, su propio proceso, como consecuencia de la interacción colectiva.

II.2.2. Potencialidad pedagógica de Internet

El mundo de la Internet puede usarse en casi todos los ámbitos del ser humano. En este sentido, es la educación el campo más virgen y de mayor provecho de las múltiples ventajas que esta red proporciona. El enfocarse en las relaciones sociales que propicia Internet, significa que para fortalecer la educación se debe enriquecer no sólo los contenidos o incluso los contextos, sino ir más allá y fortalecer los procesos de la comunicación que este espacio brinda a los actores del proceso de enseñanza y aprendizaje.

La Teoría de la Actividad recién desarrollada en el apartado anterior permite centrar el análisis en el proceso como ocurre en la realidad, es decir, a partir de la conformación redes de aprendizaje y no simplemente haciendo conexión a la red, pues se trata de mejorar las condiciones sociales en las que se puede desarrollar el aprendizaje. En suma, se requiere implicar lo tecnológico dentro de una atención pedagógica y no al revés. Esto es, más allá de la percepción de conexión tecnológica en Internet, se busca, a través de esta visión pedagógica basada en el valor de interacción recíproca en equipos de actores, enfocar la actividad educativa como una red de interacción para el aprendizaje. Se trata de recuperar el carácter básico del aprendizaje, como una propiedad de la interacción, dentro de los espacios que brinda la Internet. (Suárez, 2003)

Existen por lo menos dos maneras de interactuar con las TIC. Una de ellas es la relación entre la persona y la máquina, que se hace normalmente cuando se utiliza el computador o cuando se busca información en la red, lo que pedagógicamente hablando es la más limitada ya que se circunscribe a la información almacenada. La segunda forma de interacción, la más significativa para el aprendizaje, se origina en la relación entre la computadora y el usuario, lo que implica una vinculación más enriquecedora que la primera, ya que permite el acceso a innumerables experiencias de intercambio y de trabajo compartido entre los actores. Esta característica permite ahondar más en la importancia de la comunicación.

Suárez (2003) sostiene que:

> Este rasgo de interactividad, entre personas mediadas tecnológicamente, no sólo permite que las personas puedan cumplir con fines comunicativos, sino que educativamente hablando, se puedan orientar experiencias de

aprendizaje basadas en el aprovechamiento del diálogo, la interdependencia, el trabajo compartido, la réplica, el intercambio, etcétera; es decir, a partir de una atención bidireccional más rica que la sola conexión a la máquina. Esta posibilidad interactiva persona-máquina-persona sería el rasgo tecnológico infovirtual que nos da razones suficientes para pensar en un tipo de interacción, educativamente provechosa, como la cooperativa. (p. 7)

Este es el verdadero énfasis de Internet: poder considerar la red como un ambiente abierto de posibilidades, sobre todo en el ámbito comunicacional que impacta por consiguiente en el aspecto pedagógico. Considerando que la sociedad se configura básicamente como relación social, estas tecnologías están auspiciando con sus redes, nada más y nada menos, que sociales donde la gente participa e interactúa intensamente, sin que necesariamente compartan el mismo espacio geográfico. Prueba de esto es que en la actualidad existen innumerables usuarios, desde los más inverosímiles puntos del globo, que conforman comunidades virtuales, tan vitales y atractivas como la vida misma, ya que, estas "comunidades están central e íntimamente ligadas con áreas de interés e incumbencia que suelen ser fundamentales para el sentido de individualidad y bienestar de los participantes" (Burbules y Callister, 2001; p. 269).

No obstante, este carácter abierto que exhibe la comunidad virtual, en el caso de la educación, debe adquirir otros matices que obligan a manejar esta potente carga tecnológica hacia el necesario ajuste pedagógico que incorpora el uso educativo pertinente de las herramientas, en su justa medida. En tal sentido, Sigalés (2001) expresa que:

la cuestión de la interacción, veremos que, en muchos casos, éstas se basan en perspectivas que llamaremos tecnológicas por cuanto carecen, a nuestro entender, de una fundamentación teórica pedagógica o psicopedagógica clara. (...) la interacción es un término muy estimado por los diseñadores multimedia, raramente entendido y definido de forma adecuada en los contextos educativos. En las aproximaciones de carácter tecnológico se enfatizan las posibilidades de comunicación recíproca que ofrecen las TIC, así como la integración de medios en la elaboración de materiales para el aprendizaje, o bien las posibilidades de naturaleza cooperativa del trabajo a través de la Red. (párr. 28)

En este sentido, las posibilidades de uso pedagógicamente provechoso y tecnológicamente factible de estas nuevas herramientas "infovirtuales" (Suárez, 2003), radica en considerar un estructura de acción pedagógica versátil y adecuada para orientar la actividad educativa en estos nuevos espacios sociales. Pedagógicamente, esta posibilidad se puede dar desde una percepción colaborativa del proceso de aprendizaje, de donde surge el innovador planteamiento de formación en línea.

II.2.3. La Formación en línea a través de Internet

Aunque existen muchas definiciones de lo que se entiende como formación *en línea*, todas ellas incluyen la utilización de la red (Internet o Intranet) como medio de distribución de la información. Son cursos donde la mayoría de la transmisión de conocimiento y de las pruebas se logran vía recursos accesibles en la Web (Cabero, 2006a). En el caso específico de esta investigación esta formación se representa con las asignaturas totalmente virtuales.

Alvarado (2003), lo conceptualiza con el término cursos en línea, al afirmar:

> Los cursos en línea se refieren a entornos de enseñanza y aprendizaje relativamente "complejos" soportados generalmente en una plataforma o herramienta web (Web tools), que permiten generar experiencias instruccionales donde se integran Internet y las posibilidades de otras TIC. Desde el punto de vista del diseño instruccional, estos cursos se incluyen en una instancia que podría denominarse "macro", lo que algunos autores han denominado Diseño de Sistemas Instruccionales (p. 6)

Los entornos de enseñanza aprendizaje en línea corresponden en realidad a una formación a distancia, pues se basan principalmente en el uso de las TIC Y posibilitan un aprendizaje interactivo, flexible y accesible a cualquier receptor potencial. Este tipo de formación, aunque está muy en boga en nuestros días, no deja de tener sus propulsores y detractores. Los autores que la favorecen, hablan sobre todo de las múltiples ventajas que se derivan de su estructuración.

Entre sus ventajas están:

- Pone a disposición de los alumnos un amplio volumen de información.
- Facilita la actualización de la información y de los contenidos.
- Flexibiliza la información, independientemente del espacio y el tiempo en el cual se encuentren el profesor y el estudiante.
- Favorece la autonomía del estudiante.
- Ofrece diferentes herramientas de comunicación sincrónica y asincrónica para los estudiantes y para los profesores.
- Favorece una formación multimedia.
- Facilita una formación grupal y colaborativa.
- Favorece la interactividad en diferentes ámbitos: con la información, con el profesor y entre los alumnos.
- Facilita el uso de los materiales y recursos, en diferentes cursos.
- Permite que en los servidores pueda quedar registrada la actividad realizada por los estudiantes.
- Ahorra costos y desplazamiento. (Cabero, 2006a)

No obstante, también se pueden derivar algunos inconvenientes propios de su implementación. Entre los cuales se mencionan:

- Requiere más inversión de tiempo por parte del docente (llámese así o tutor o facilitador o moderador).
- Precisa unas mínimas competencias tecnológicas por parte del tutor y de los estudiantes.

- Requiere que los estudiantes tengan habilidades para el aprendizaje autónomo.
- Puede disminuir la calidad de la formación si no se da una empatía adecuada docente-alumno.
- Requiere más trabajo que la convencional.
- Supone la baja calidad de muchos cursos y contenidos
- Se encuentra con la resistencia al cambio del sistema tradicional.
- Hay tendencia a favorecer la soledad y ausencia de referencias físicas.
- Depende de una conexión a Internet, y que ésta sea además rápida.
- Tiene docentes y diseñadores poco formado.
- Supone problemas de seguridad y además de autentificación por parte del estudiante.
- No hay experiencia en su utilización. (ob.cit)

Es claro que para asegurarse que estas desventajas no se conviertan en limitaciones que entorpezcan el esfuerzo, se debe sistematizar de alguna manera el diseño e implementación de este tipo de formación. Se debe tener en cuenta que el proceso educativo tal como se concibe tiene que cambiar sustancialmente, enfatizar en la noción de una comunidad del aprendizaje y lograr esa interacción entre los participantes. Se debe considerar además que el diseño de cursos en línea, significa replantear términos tales como: estudiante, facilitador, diseño, contenido, lenguaje y comunidad de aprendizaje.

Esto se logra teniendo en cuenta, algunos puntos importantes, tales como:

- Garantizando el acceso a la tecnología. En este sentido, no es suficiente con disponer de la más alta tecnología, sino saberla utilizar en el contexto educativo. Por lo tanto, es indispensable contar con el personal docente debidamente preparado para diseñar tales tareas y que garantice el acceso por parte del estudiante de las herramientas de la Web 2.0. Si no, todo es inútil.

- Familiarizándose con el uso de la tecnología. Uno de los errores más frecuentes es que los diseñadores instruccionales de los cursos en línea se dejen deslumbrar por los adelantos tecnológicos de las plataformas educativas. Para evitar esto, hay que conocer y manejar las verdaderas potencialidades de cada una de las aplicaciones y justificar su utilización en el diseño.
- Estableciendo pautas y procedimientos. Es sumamente importante brindar los parámetros necesarios antes de comenzar cualquier tipo de actividad dentro de los cursos en línea. La falta de reglas claras, provocará una confusión tanto en el moderador como en los estudiantes, perdiéndose el verdadero fin del curso. Incluso, deben discutirse con todos los miembros del grupo y no imponerlas.
- Logrando un máximo de participación. Los aprendizajes que se logran a través de un curso en línea son tanto individuales como grupales. No se debe conformar con el diseño de actividades individuales, sino a través de la utilización de aplicaciones sincrónicas y asincrónicas, lograr actividades más grupales. El grado de participación se logra a través del estudio de factores tales como: grado de confianza del participante, interés en la materia, familiaridad con la plataforma, facilidad de acceso, habilidades de escritura e incentivos para participar, que deben diagnosticarse previamente al diseño para saber cuáles actividades se adaptan mejor a los estudiantes.
- Promoviendo la colaboración y la reflexión. La buena utilización del recurso se determina cuando se promueve la participación activa de los estudiantes en los cursos en línea y esto se logra buscando la construcción de significados comunes y reflexionando sobre las nuevas herramientas que

está utilizando, así como la utilización de diversos espacios para el análisis y síntesis de las ideas. (ob.cit)

II.2.4. Diseño de cursos en línea. Etapas y enfoques

De acuerdo con Salinas (citado por Cabero, 2006b), se deben plantear las siguientes etapas para el diseño de cursos en línea: 1) Plantear un enfoque centrado en cuál va a ser el entorno tecnológico adecuado para el proceso educativo. 2) Estructurar el contenido a través de los materiales diseñados para tal fin. 3) El enfoque metodológico debe centrarse en el estudiante bajo una adecuada combinación de estrategias, donde debe decidirse la tecnología a utilizar en correspondencia con la función pedagógica que el entorno cumplirá y los aspectos de organización del proceso de aprendizaje.

Cabero (2006b) es de la opinión que la tecnología debe irse apartando más del énfasis o médula principal de los cursos *en línea*, pues lo realmente importante es el diseño de actividades que propicien el aprendizaje. En sus palabras:

> Queremos señalar que hemos dejado conscientemente al margen la tecnología y no porque sea insignificante (sin ella no es posible siquiera comenzar la acción formativa pues, no lo olvidemos, estamos hablando de acciones formativas mediadas por la tecnología). Para nosotros, la tecnología es la que da comienzo a la acción formativa, y debe ser lo más amigable y flexible posible, pero en sí misma no es la variable crítica del sistema. (Cabero, 2006b, p. 24)

Se infiere de la opinión del experimentado autor citado que para el docente lo más importante debe ser el diseño instruccional del curso en línea, ajustado a las características de sus estudiantes y pensado para ofrecer el contenido necesario para mediar el proceso de aprendizaje. La tecnología es la herramienta fundamental pero no es la razón de ser de la educación a distancia.

II.2.5. Aplicaciones sincrónicas y asincrónicas para cursos en línea

En el amplio mundo de las TIC, existen diferentes herramientas que favorecen la comunicación entre los individuos. De acuerdo con Madrigal (2014), en general se pueden tener dos tipos de aplicaciones de Internet, que pueden tener influencia en la educación. Entre ellas están las aplicaciones sincrónicas y asincrónicas.

Las aplicaciones de comunicación sincrónica son todas estas herramientas que permiten la transmisión, en tiempo real, de información de uno a uno, de uno a muchos o de muchos a muchos. Por la capacidad de comunicación en ambos sentidos, se sabe que son adecuadas para la interacción grupal entre los participantes de un curso a distancia. Entre estas herramientas podemos contar con el Chat, Whatsapp, entre otras. (ob.cit)

En el contexto educativo, este tipo de herramientas son importantes ya que la interacción puede darse entre los mismos estudiantes o entre ellos y el docente. Además, se puede obtener un registro de la discusión completa, convirtiéndose así en una información permanente de cada una de las actividades. (ob.cit)

Estas herramientas tienen dos bondades principales para los estudiantes cuando están en ambientes virtuales: En primer lugar, permiten la asesoría individualizada, ya que les proporciona un campo útil para la retroalimentación. Sin embargo, son poco efectivas para dar clase, sobre todo como se ha realizado con las sesiones presenciales. Por otra parte, son canales muy efectivos a la hora de lograr la comunicación entre alumnos, ya que pueden comunicarse actividades tales como la división de funciones y logística de las tareas en equipo.

Pero también poseen inconvenientes a la hora de su uso. El Instituto Tecnológico y de Estudios Superiores de Monterrey (2003), comenta que estos pueden ser:

Falta de flexibilidad temporal. Al ser una herramienta sincrónica, es necesario que los estudiantes y el profesor coincidan en el tiempo. Ésta es una limitación con respecto a las tecnologías asincrónicas.

> Límite de participantes en la discusión. La sobrecarga cognitiva que impone seguir una conversación, en tiempo real y en la que intervienen varias personas a la vez, es mayor que si esta se hiciese en forma presencial con la misma cantidad de personas. Como una regla general, una discusión sincrónica textual con más de cinco personas comienza a ser difícil de seguir. (párrs. 6-7)

Otras tecnologías, permiten, además de una interacción textual sincrónica, la adición de audio, gráficos, video en tiempo real y la ejecución colaborativa de aplicaciones como un navegador de WWW. La voz y el video pueden ser transmitidos como si fueran datos a través de redes de computadoras, gracias a un proceso llamado digitalización. Entre estas herramientas tenemos el video y la audioconferencia. (Ávila, 2009)

Por otro lado, entre las aplicaciones asincrónicas, más populares se encuentra el correo y los grupos de discusión o foros. El correo electrónico tiene la misma funcionalidad que el correo normal, pero es digitalizado. Su uso se limita a la transmisión de información textual y, más recientemente, a la transferencia de documentos o archivos de manera electrónica, por medio de anexos. Los usos primordiales de esta tecnología en la educación son:

> Mensajería asincrónica. Permite dejar mensajes como en una contestadora telefónica. Cuando la persona, el profesor o el estudiante no está presente se le puede dejar un correo electrónico. Esto permite eliminar las restricciones de coincidencia en el tiempo.
> Envío y recepción de tareas. Con el uso de los documentos anexos se pueden enviar y recibir tareas. Esto es útil tanto para estudiantes a distancia, como para estudiantes que estén dentro del mismo plantel (físico), pero que por una u otra razón no pueden acudir directamente a entregar sus documentos de las tareas.
> Interacción a distancia profesor-alumno. Otro uso es el de los estudiantes a distancia que desean una consulta personal, pero que no pueden acceder sincrónicamente a su profesor.
> Interacción a distancia alumno-alumno. También se utiliza para la interacción alumno-alumno de manera asincrónica. (ob.cit; párrs. 28-31)

En cambio, los grupos de discusión son herramientas que transmiten información textual en ambos sentidos y que puede ser de uno a muchos o de muchos a muchos y de manera permanente. Cuando una persona envía un mensaje a un grupo de discusión, los demás participantes podrán leerlo. Los mensajes enviados se van acumulando, entre ellos se van añadiendo, de manera intercalada, aquellos mensajes que son respuesta a mensajes previamente enviados.

Una aplicación directa de los grupos de discusión es la implantación de un diálogo, como un método de instrucción, obteniendo resultados similares a los descritos cuando se presentó este método para su uso en el salón de clases. Además del aprendizaje del tema de estudio, las discusiones favorecen al estudiante en lo siguiente:

Aprender a escuchar a los demás.
Desarrollar una actitud tolerante hacia puntos de vista distintos.
Aprender el proceso de la democracia.
Examinar el proceso de la democracia.
Rentar nuestras actitudes y creencias al contrastarlas con las de los compañeros.
Desarrollar habilidades interpersonales. (ob.cit: párrs. 41-44)

Las tecnologías de audioconferencia y videoconferencia permiten una comunicación de muchos a muchos, no son más que maneras de resolver problemas logísticos planteados por estudiantes a distancia. Los grupos de discusión textuales en cambio tienen algunos subproductos adicionales a los de la discusión presencial:

- Mayor tiempo de reflexión. Durante la discusión en el salón de clases, las participaciones tienen que ser rápidas y espontáneas. El estudiante no tiene tiempo para preparar lo que va a decir y revisarlo con una actitud crítica antes de enviarlo. Esto no ocurre en un grupo de discusión asincrónico, ya que el estudiante tiene tiempo suficiente para reflexionar lo que va a escribir.

- Se adapta a los estudiantes tímidos o de bajo rendimiento. Los estudiantes que usualmente no participan en clase debido a su timidez, o a que necesitan más tiempo para participar, pueden verse motivados (aunque a veces también obligados) a hacerlo en un grupo de discusión asincrónico, ya que disponen de más tiempo para reflexionar y para regresar a sus notas, o bien para revisar otras fuentes antes de participar.
- Motiva a elaborar contribuciones de mayor calidad. Lo escrito y permanente parece tener un peso mayor que lo oral. Cuando se analiza una idea trasmitida por un medio escrito existe una tendencia a ser más crítico que cuando se tramite por vía oral. Esto motiva a que se reflexiona más antes de enviar una aportación, incrementándose así la calidad de la discusión. Además que si se hacen borradores previos, pueden revisarse una y otra vez.
- Mayor retención. Debido a las características de los procesos cognitivos implicados en la escritura, que son más complejos que los del lenguaje oral, es más fácil recordar lo que se escribe que lo que se dice.
- Desarrollo de habilidades de escritura y síntesis. Como un subproducto de la discusión se desarrollan las habilidades de escritura. Si además de esto se limita el tamaño de las participaciones, práctica común en los grupos de discusión, también se favorece el desarrollo de la capacidad de síntesis. (ob.cit)

De este modo los grupos de discusión, no son sólo una solución a un problema de logística, ya que su uso para estudiantes físicamente en el mismo lugar pero fuera de las horas del salón de clases, puede arrojar los mismos resultados que en los estudiantes que utilizan este tipo de tecnología.

II.2.6. La Web 2.0 en Educación

La red o la Internet es relativamente joven, con sólo veintinueve (29) años desde su nacimiento, cuando "un joven investigador del CERN llamado Tim Berners-Lee desarrolló el primer borrador que acabaría dando lugar a la World Wide Web (WWW)" (Bernardo, 2018). Como se dijo anteriormente, fue relativamente fácil y rápido pasar de una Web estática, complicada para colocar información, donde el usuario era meramente un observador pasivo, a una Web mucho más dinámica. Esta nueva red permite a los usuarios tener una participación mucho más activa, participativa y en la mayoría de las veces colaborativa.

En esta nueva Web, el usuario pasa a ser un personaje activo, donde gestiona y crea la información, la coloca rápidamente sin esfuerzo, la comparte, la discute, la elimina. Todo con solo dar un clic o sencillamente "sombreando" y borrando. Esta nueva Web más colaborativa, participativa, comunitaria y social es lo que se ha denominado Web 2.0 y como tal ofrece infinidad de oportunidades en el campo educativo.

La Web 2.0 ofrece un espacio interesante donde el protagonista no es la información, sino los usuarios. Es un espacio de interacción social y tecnológica, donde las herramientas adquieren su valor no por lo sofisticado de su tecnología, sino por las bondades que otorgan para la gestión de la información dentro de la red.

De acuerdo con Pérez, Romero y Romeu (2014):

> La Web 2.0 incorpora la tecnología, el conocimiento y los usuarios como aspectos esenciales y se caracteriza por la creación colectiva de contenidos, el establecimiento de recursos compartidos y el control de la calidad de

forma colaborativa entre los usuarios adoptando un rol activo, de lector y/o editor (p. 16)

II.2.6.1. Herramientas de la Web 2.0

Entre las herramientas que dispone este nuevo espacio de la Web 2.0 podemos encontrar algunas clasificaciones interesantes, en función de la utilidad que puede dárseles desde el punto de vista educativo. En tal sentido, Traverso, Prato, Villoria, Rodríguez, Priegue, Caivano y Fissore (2013), plantean los "Cuatro Pilares de la Web 2.0" (ob.cit; p. 4), a saber:

- Gestión de Contenidos. Serían imposibles todas estas bondades si no existen unas herramientas poderosas y de fácil gestión del contenido. Esta nueva red está dotada de Sistemas de Gestión de contenidos o CMS para que se pueda publicar cualquier información sin esfuerzo. Estas son precisamente las plataformas donde descansan otro tipo de herramientas como lo son los blogs, los wikis, los foros y otros formatos. Este tipo de plataforma tiene la particularidad que separa el diseño de los contenidos, ofreciendo plantillas y formatos preestablecidos para que el usuario solo se dedique al contenido como tal.
- El acceso a la información. Con la nueva Web es fácil acceder a información de manera rápida y sencilla a través de herramientas de sindicación de contenidos tales como RSS y ATOM. Mediante estas herramientas puede distribuirse sin dificultad el flujo de información en la red.
- Clasificación de la información. Ahora se puede clasificar toda la información a través de unas herramientas para el "etiquetado social". Es decir cada usuario puede clasificar la información en categorías temáticas, mediante la asignación de etiquetas o "tag". Este etiquetado semántico, a menudo colaborativo, permite el acceso a la información a través de las etiquetas o palabras claves. Uno de los ejemplos más emblemáticos es, sin duda alguna,

la Wikipedia, una enciclopedia construida por los propios usuarios y que es abierta y gratuita. A la clasificación de la información también se le conoce con el nombre de "Folcsonomías". (ob.cit)

- Servicios en línea. Muchas de las herramientas que aparecen ahora en la Web 2.0 no surgieron bajo un enfoque comercial; sin embargo han producido infinidad de ventajas a los usuarios de la red. Es así como espacios para almacenar, clasificar y compartir cualquier clase de archivos desde fotografías y vídeos, hasta presentaciones multimedia, escritorios virtuales y herramientas en línea que posibilitan que varias personas trabajen en un mismo documento sin salir de la ventana de su navegador son hoy en día las prestaciones más buscadas por los usuarios, sobre todo los jóvenes. Entre estas aplicaciones se pueden citar servicios como *del.icio.us*, que permite guardar y compartir online nuestros favoritos y tenerlos accesibles desde cualquier equipo y lugar, o *Twitter* donde se recogen micromensajes que informan de lo que estamos haciendo mientras transitamos por la red. Otro tipo de aplicaciones como *Google Maps*, permiten dar un vistazo al mundo a vista de pájaro, lo que facilita la elaboración de nuestros propios mapas y compartirlo con otras personas.

De todas las herramientas que podemos disponer en la Web 2.0, una de los más populares es el Blog o Bitácora. El blog es un espacio virtual que admite todo tipo de archivos, servicios, referencias multimedia, transmite información y puede recopilar comentarios de los usuarios. Igualmente puede enlazar otros blogs y sitios Web, entretejiendo una intrincada red que se ha denominado Blogosfera. Esta red no es sólo de herramientas sino de las personas que están detrás de ellas. (Blánquez, 2007)

Otro de los formatos muy utilizados es el Wiki. Se trata de un espacio que se va construyendo en forma colectiva y horizontal desde cualquier navegador y en tiempo real y donde cada uno de los autores puede ir editando, publicando, modificando y construyendo el conocimiento. El ejemplo más relevante es sin duda alguna la Wikipedia. (ob.cit)

II.2.6.2. La Herramienta Google® Site

Mención especial merecen los Sites (sitios) de Google® para efectos de esta investigación. Estos son páginas Web gratuitas, que disponen de plantillas predefinidas y por lo tanto son de fácil uso para cualquier docente. En este espacio es donde los docentes de las asignaturas del Departamento de Ciencias de la Educación de la UNIMET presentan sus propuestas de entornos virtuales de aprendizaje. Todos estos adelantos influyen en lo que se ha denominado la nueva visión de la educación vinculada con la tecnología.

Garasa (2016) expone algunas bondades del nuevo Google® Site, de tal manera que el profesor pueda darse una idea de sus bondades y limitaciones. El autor expresa que:

> acaban de lanzar el nuevo Google Sites y me parece que es exactamente lo que está intentando Google. Que poco a poco va redondeando un ecosistema cada vez más idóneo para profesores y aula porque es una buena noticia para coles, organizaciones e individuos que necesitan crear sitios web estáticos con funciones más modernas. (párr. 6)

Más adelante, señala las bondades del nuevo diseño, al resaltar que ya se cuenta con:

> Drag and Drop – La nueva versión de Sites permite simplemente arrastrar y soltar en modo de edición. Esto debería aplicarse por ley a todas las herramientas web, a la adición de nuevo contenido al site y a la reordenación de los elementos.
> Ajuste y edición de imágenes – Gran mejora del área visual mediante el ajuste de las propiedades de las imágenes.

> Colaboración en tiempo real – La nueva versión de Google Sites permite colaborar en tiempo real a varios editores. Funciona como varias personas en un documento de Google donde todos podemos trabajar en vivo, haciendo cambios al mismo tiempo.
> Diseño responsivo – Esta versión de Sites incluye incluye nuevos "temas y diseños diseñados "a escala" y adaptativos para diferentes dispositivos. gran avance pues cada vez más y más estudiantes (y adultos) consumimos contenido a través de un teléfono móvil o una tablet. (párrs. 9-12)

En definitiva, el verdadero eje de las herramientas de la Web 2.0 es lo social, lo comunitario, lo colaborativo y cooperativo, en la comunicación en sí. Y si la educación o mejor dicho el proceso de enseñanza aprendizaje está basado en la comunicación, los docentes y discentes deben aprovechar todas las ventajas que le son otorgadas en la red. Sobre todo si se desea la construcción del conocimiento.

Para cerrar este apartado, se presenta a continuación la interfaz del Google® Site del curso de "Tecnologías para el Aprendizaje", del Departamento de Ciencias de la Educación de la UNIMET, administrado por el investigador, en el que se ha delimitado esta investigación.

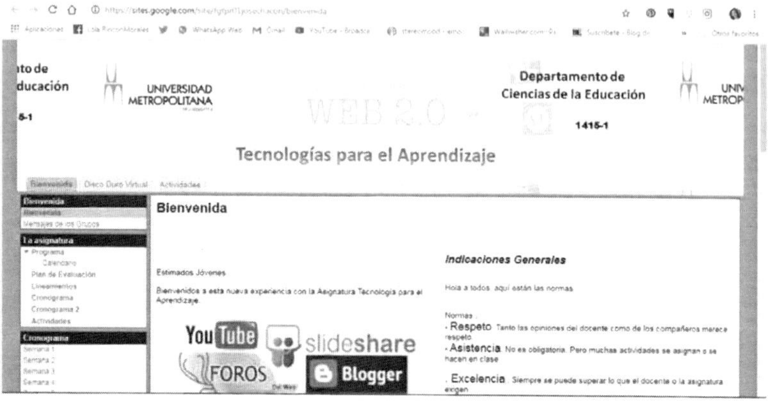

Figura 4. Interfaz del home del curso "Tecnologías para el Aprendizaje"
Fuente: el investigador (2014)

II.2.7. El Aprendizaje Colaborativo

Como ya se ha planteado previamente en este capítulo, se parte de la idea en esta investigación de que los estudiantes no aprenden solos. En todo momento, los participantes de cualquier actividad están expuestos en menor o mayor grado a la influencia de otros estudiantes o de personas que los rodean. En realidad el aprendizaje es una actividad que tiende a reconstruir un conjunto de conocimientos en un momento dado, a través de la interacción entre varias personas. Rodríguez y Espinoza (2017) exponen que son diversos los enfoques psicológicos que dan basamento a esta postura de que el aprendizaje no sólo se logra de manera individual, tales como: la cognición situada, compartida o distribuida, el constructivismo social, el enfoque sociocultural y finalmente la Teoría de la Actividad, soporte teórico de esta investigación.

En este sentido, se refuerza que el trabajo colaborativo no puede verse solamente como un trabajo de grupo. Las tendencias enfocan el trabajo colaborativo con el énfasis de que debe "construirse" el conocimiento, como resultado de un proceso de interacción y reflexión del grupo. Es decir, es aquel aprendizaje que se logra con la participación de todas aquellas personas que forman un todo. Jhonson y Jhonson (citados por Rivera, Martínez, Guevara, Landa y Palestina, 2014), el aprendizaje colaborativo es:

> un sistema de interacciones cuidadosamente diseñado que organiza e induce la influencia recíproca entre los integrantes de un equipo. Se desarrolla a través de un proceso gradual en el que cada miembro y todos se sienten mutuamente comprometidos con el aprendizaje de los demás generando una interdependencia positiva que no implique competencia". (p. 7).

Cuando en un aula de clase, se propicia la comunicación entre los alumnos y donde la interacción alumno-alumno y alumno-profesor sea un elemento fundamental para la solución de un problema, se está hablando del aprendizaje cooperativo. Algunas de las implicaciones de este planteamiento se encuentran reflejadas en la propuesta instruccional constructivista de Díaz-Barriga y Hernández (2002), quienes postulan como principios los siguientes:

1) Se parte del hecho concreto que la mente del alumno no es de ningún modo fija o permanente, más bien es flexible ya que el desarrollo cognitivo puede tener distintas variantes dependiendo del contexto y las prácticas de la cultura donde se desenvuelve en interacción con otras personas.

2) Se debe estar consciente que el concepto de Zona de Desarrollo Próximo (Vygotsky; ob.cit) no pertenece a un sujeto en particular, sino que es una realidad originada con la interacción con los otros.

3) Dentro de este paradigma de la Zona de Desarrollo Próximo, se plantea que se deben establecer actividades con niveles distintos de dificultad con el fin de comparar el desarrollo actual y potencial de los estudiantes, así como ofrecer ayudas diversas para ejercer una mediación social educativa efectiva dirigida a mejorar el aprendizaje.

4) Y por último se le da una importancia vital a la acción independiente del estudiante, ya que sus propios procesos de autorregulación permitirá la internalización de los aprendizajes requeridos.

Las actividades que son colaborativas tienen que ver con algunas características importantes sobre todo cuando se habla del aprendizaje apoyado por las tecnologías. Entre estas características podemos encontrar las siguientes:

La interactividad. No puede existir un aprendizaje si no existe la intervención de por lo menos dos o más personas a través de un intercambio de opiniones e ideas. La relevancia de la interacción no es la cantidad de intercambios, sino cómo afectan el proceso cognitivo y de aprendizaje del compañero.

El grado de sincronización. En el ámbito de las tecnologías es importante saber que existen dos modalidades cuando se habla de la interacción. La modalidad sincrónica cuando se originan y reciben respuestas inmediatas y que produce respuestas inmediatas que motiva al estudiante y la asincrónica que favorece la reflexión más profunda de los aportes.

La negociación. Proceso mediante el cual dos o más personas intentan ponerse de acuerdo con alguna idea, tarea o problema. Este proceso solo se da si existe condiciones favorables, así que eventualmente puede ser que no suceda. (Zañartu, 2003)

Las experiencias que se han tenido hasta ahora del aprendizaje colaborativo con el uso de la tecnología tratan de mejorar la interacción social a través de los nuevos dispositivos de comunicación. Las nuevas tecnologías se han convertido en espacios propicios para que dos o más personas interactúen y generen un conocimiento compartido que represente el entendimiento en común. La tecnología proporciona las herramientas para un efectivo intercambio y de aproximación (independientemente de la distancia) lo que revaloriza la interacción y elimina de alguna manera, las limitaciones que pueden presentar los aspectos de personalidad, como la timidez, en la educación.

II.2.7.1. Actividades Colaborativas

En lo que se denominan entornos virtuales de aprendizaje se abren nuevas perspectivas metodológicas para la enseñanza y el aprendizaje. Y sin lugar a dudas, una de ellas es la posibilidad de aprender y trabajar de forma colaborativa en la red, como se mencionó anteriormente. El poder trabajar en forma colaborativa permite tener la oportunidad de compartir en común habilidades y competencias para contrastar ideas y puntos de vista, preguntarse, cuestionarse, plantearse retos y discutirlos, resolver problemas conjuntamente, llegando al consenso y negociar entre distintos miembros.

El trabajo colaborativo se diferencia de otras metodologías de trabajo en grupo, en básicamente algunos principios básicos. Se basa en una real y fuerte relación de interdependencia entre los diferentes miembros que lo constituyen, de manera que el alcance final de las metas concierna a todos los miembros, y por tanto, no sea un simple trabajo sumativo. En este tipo de trabajo la responsabilidad de cada uno de los miembros está bien determinada y clara, para poder llevar a feliz término las metas comunes, por lo que se puede inferir que la responsabilidad es compartida por todos.

Esto conlleva a que se respeten los principios de libertad e igualdad y una excelente relación entre los miembros. En consecuencia, el trabajo colaborativo significa un cambio en las relaciones entre todos los participantes. Palloff y Pratt (2005; citados por Guiza, 2011) lo expresan de la siguiente manera:

> la valoración del trabajo colaborativo debe diseñarse para incluir tareas basadas en grupo así como individuales, para incrementar la confianza individual. La colaboración positiva y efectiva no sucede automáticamente. Los estudiantes necesitan aprender cómo colaborar así como, colaborar para aprender. Los miembros del grupo deben estar dispuestos a colaborar

> con los demás. Consecuentemente cuando se desarrollan tareas de grupo, es importante que los instructores consideren agregar un componente de orientación, proveer guías en las cuales los estudiantes tengan la oportunidad de aprender sobre el proceso de selección de líderes de grupo así como las responsabilidades que se espera de los miembros. (pp. 86-87)

En otras palabras colaborar no es simplemente aportar información o esfuerzo y sumarlo para alcanzar un producto, es compartir visiones y objetivos; es decir, construir de forma conjunta. Se debe aclarar nuevamente (Brush, 1998; Dillenbourg, 2002; citados por Hernández y otros, 2014) que el proponer actividades de manera grupal no representa que se produzca un trabajo colaborativo, por lo cual es un riesgo muy frecuente pensar que los alumnos por sí solos, conocen cómo trabajar en forma colaborativa.

La utilización de las herramientas Web 2.0 en actividades colaborativas implica nuevas concepciones del docente y el alumno. En el caso del docente se requiere que diseñe o planifique cada una de las situaciones del aprendizaje, lo cual implica enunciar objetivos, definir actividades, señalar recursos, fijar tiempos de trabajo y establecer estrategias de evaluación. Se trata en todo caso de plantear situaciones para el desarrollo de habilidades cognoscitivas y sociales.

El poder trabajar en forma colaborativa con los alumnos no se basa solo en una disposición "innata" de los estudiantes. Pérez, Romero y Romeu (2014) exponen que debe desarrollarse un conjunto de acciones y estrategias por parte del docente que los ayuden a gestionar el trabajo en equipo desde el inicio del proceso (entre otros factores estableciendo normativas y plan de trabajo grupal). Además, durante el desarrollo debe garantizarse una reflexión continua y crítica.

El docente debe convertirse en el primer actor que promocione la participación, la interacción y la colaboración, concebida como un proceso social más que tecnológico, que demanda no sólo la participación de los estudiantes, sino de otros miembros de la comunidad y otros expertos. Debe procurar la tutoría constante, como un guía durante todo el proceso, orientando al alumno en la ejecución de cada una de las tareas, respondiendo consultas, resolviendo dudas, sugiriendo recursos y fuentes de información, proponiendo el uso de andamios cognitivos, animando la participación y los procesos de comunicación Si se realiza la práctica de una evaluación continua, esto le permitirá al profesor brindar al alumno una retroalimentación inmediato referida a su actuación. El docente podrá entonces rectificar errores, detectar dificultades de aprendizaje, evaluar progresos, sugerir el empleo de ciertos recursos o estrategias de aprendizaje y acompañar el proceso de forma efectiva.

Otro punto importante dentro del nuevo rol del docente es el de propiciar un clima relacional que pueda promover la comunicación y favorezca la interacción con los alumnos. Esto implica fortalecer acciones de respeto como el diálogo sin confrontación, valorar los aportes de los participantes, motivarlos y reflexionar sobre la práctica, lo que le permitirá evaluar tanto la efectividad de la tecnología empleada como detectar fortalezas y debilidades en su desempeño como tutor virtual.En cuanto al estudiante, se requiere un participante capaz de interactuar con el docente y con sus compañeros, que pueda generar un nuevo conocimiento con la información recibida.

El proceso de enseñanza aprendizaje de forma colaborativa a través de las herramientas Web 2.0 implica una dimensión de innovación, en cuanto a las concepciones de la enseñanza y aprendizaje así como de cambio de estrategias y objetivos. Las actividades colaborativas deben ser intencionales, temporales y guiadas. Es por ello que lo que se quiere con esta propuesta en cuanto a la elaboración de actividades colaborativas son las actitudes de: cooperación, responsabilidad, comunicación, trabajo en equipo y autoevaluación. Para Román (2004) estas actitudes podrían resumirse de la siguiente manera:

- La cooperación. Se puede entender como el apoyo mutuo para lograr dos objetivos básicos: en primer lugar, conocer el contenido y en segundo lugar, desarrollar las habilidades del trabajo en equipo. Los estudiantes deben compartir objetivos, metas y logros puesto que el éxito o no del equipo depende de ello.
- La responsabilidad. Se refiere al hecho que los estudiantes son responsables de cada una de las tareas, al mismo tiempo que el equipo como tal es responsable de la totalidad de las tareas. Es sólo el equipo quien acierta o falla.
- La Comunicación. Se entiende como la manera en la que mutuamente se intercambia información importante, de manera eficiente y efectiva, haciendo énfasis en la retroalimentación que mejora el desempeño de las individualidades y por lo tanto del equipo.
- Trabajo en Equipo. Se entiende como la forma en la que los estudiantes aprenden a trabajar y resolver juntos los problemas. Pero para lograr esto, es necesario desarrollar actitudes de liderazgo, comunicación, confianza, toma de decisiones y solución de problemas.
- La Autoevaluación Asociada a cuando los equipos deben evaluar cuáles labores o acciones fueron útiles y cuáles no. Debe hacerse de forma periódica y constante a fin de mejorar los procesos.

Cada uno de los grupos de trabajo que se conformen debe desarrollar habilidades sociales y de trabajo en equipo. Deben hacer actividades académicas tales como: analizar, construir diagramas de flujo, mapas conceptuales y mapas mentales, realizar trabajos escritos, presentar propuestas innovadoras, entre otras actividades.

II.2.7.2. Niveles de Colaboración

Los niveles de colaboración que pueden presentar los estudiantes durante actividades educativas en entornos a distancia mediados por herramientas de la Web 2.0, pueden clasificarse en tres, de acuerdo a los alcances de las tareas que se propongan. Román (2004) ofrece un esquema en donde se puede apreciar la interrelación que se da entre los tres niveles, cuya área de intersección denomina Trabajo Colaborativo, tal y como se presenta en la Figura 4 a continuación:

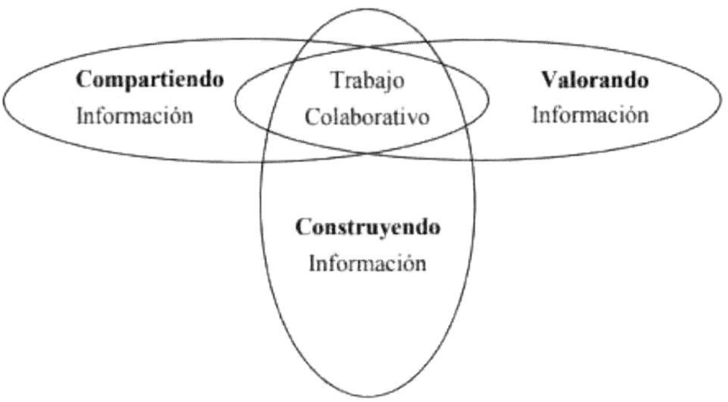

Figura 5. Niveles de colaboración-intervención en redes telemáticas
Fuente: Román (2004)

En un desarrollo ejemplar, el autor citado ofrece explicaciones de cómo las actividades colaborativas generan al menos uno de los tres niveles de colaboración, a saber:

- Primer nivel de colaboración: Compartiendo información. El docente que sirve de tutor virtual, propone una serie de materiales y contenidos de trabajo en la red o entorno de trabajo colaborativo y los alumnos pueden acceder a ellos de forma individual. En este nivel sólo se puede leer y revisar la documentación propuesta.

Ejemplo:

Actividad 1. Nivel 1 de Colaboración

Realiza una lectura de los documentos depositados en la Carpeta Documentos.

Recuerda que debes tomar unas notas referentes al contenido expresado.

- Segundo nivel de colaboración: Valorando información. En este segundo nivel, después de haber revisado el material, los estudiantes tienen la potencialidad de exponer sus actividades en los espacios (de la red o no) establecidos para tal efecto.

  Ejemplo:

  Actividad 2. Nivel 2 de Colaboración

  Realiza una lectura de los documentos depositados en la Carpeta Documentos y haz un resumen del fundador de los premios Nobel, explicando los diferentes premios que se entregan en la actualidad.

  Coloca tu documento en la carpeta que se llama Respuesta Actividad 2.

- Tercer nivel de colaboración: Construyendo información. Aquí los documentos entregados, deberán ser analizados respectivamente por el resto de los integrantes del grupo. Luego cada alumno debe hacer las mejoras a sus respuestas, a partir de las sugerencias de sus compañeros y del propio docente. También pudiera establecerse que cada grupo genere una versión única en función del nivel y compromiso de los integrantes del mismo.

  Ejemplo:

  Actividad 3. Nivel 3 de Colaboración

Realiza una lectura de los documentos depositados en la Carpeta Documentos y haz un resumen del fundador de los premios Nobel, explicando los diferentes premios que se entregan en la actualidad.

Coloca tu documento en la carpeta que se llama Respuesta Actividad 2, dentro de la carpeta que tenga el número de tu grupo y lee las apreciaciones de tus compañeros, re-elaborando tu propuesta, que lleve por nombre Síntesis Actividad 1.

II.2.7.3. Tipología de los grupos para actividades colaborativas

Formar los grupos de trabajo colaborativo es una de las tareas más complicadas que existe. En primer lugar, se debe conocer que existen por lo menos tres tipos de grupos, *según su contacto*. (Román, 2004)

- Grupos formados por personas que ya se conocían previamente y se solo emplean la red como medio para mantenerse en contacto o compartir algún tipo de información.
- Grupos formados por personas que no se conocen, pero que eventualmente, si el tiempo y las circunstancias lo permiten, algunas pueden que lleguen a verse o bien en congresos o en otras reuniones de tipo social.
- Grupos que son totalmente virtuales cuyos miembros no tienen ninguna expectativa de llegar a encontrarse en la vida real a pesar de tener intereses comunes.

También se puede categorizar los grupos con base en dos criterios: la intencionalidad de creación y su especialidad. Esto hará que resulten grupos que puedan ser espontáneos o intencionados y grupos de trabajo virtual, semipresencial y presencial; o las combinaciones de ambas tipologías. En el ámbito de la escuela, se puede encontrar desde dos estudiantes que trabajan juntos durante unos minutos en la clase, hasta equipos formales que trabajan en proyectos cuatrimestrales. Dentro de estos dos extremos existen muchas más variaciones.

Por ejemplo, los grupos pequeños dan muchas oportunidades para intercambiar ideas con varias personas a la vez, en un ambiente que se puede considerar libre de competencia, mientras que las discusiones grupos grandes, tienden a intimidar a algunos participantes y por lo tanto no es recomendable. Un grupo formado con algunos cuidados puede permitir a los estudiantes a aprender a trabajar duro y en equipo en un ambiente seguro y estimulante. (ob.cit)

Para organizar a los estudiantes en grupos, los profesores deben decidir desde el tamaño de los equipos, la duración de los mismos, hasta la forma de asignación de los estudiantes a los equipos. Los equipos pueden formarse de tres maneras: al azar, o por decisión de los estudiantes o a decisión del profesor. Los que han participado en actividades de trabajo colaborativo, afirman que al final, los equipos más efectivos son los heterogéneos y formados por el profesor y no por los mismos estudiantes que quizá utilizan otros criterios menos efectivos, como pueda ser la afinidad social o personal.

II.2.8. Fases de desarrollo de actividades colaborativas en la Web 2.0

Como es lógico suponer, ninguna tecnología por muy avanzada o sofisticada que sea, en sí misma no es una herramienta colaborativa. Si se quiere en realidad potenciar la colaboración, deben elaborarse propuestas que consideren todos los aspectos tecnológicos como pedagógicos para poder garantizar el éxito. Como lo señala Guitert y Romeu (2011; citados por Pérez, Romero y Romeu, 2014), una mala planificación provoca a la larga pérdida de tiempo para los alumnos y desmejoramiento de la calidad académica que se espera. En realidad, los estudiantes cuyo trabajo colaborativo es planificado, se muestran más contentos con sus resultados.

Para poder diseñar cada una de las actividades de manera que tengan una perspectiva colaborativa, es necesario seguir las siguientes etapas:

- Revisión de materiales o recursos similares. En la red siempre se pueden conseguir distintos tipos de herramientas y recursos. Si el material ya existe no es necesario invertir tiempo y recursos para lograr el mismo objetivo.
- Diagnóstico de los participantes y estructura del grupo. Debe determinarse cuál es el nivel de los participantes en cuanto a los conocimientos previos. Igualmente cómo se van a estructurar los grupos y dentro de cuál tipología se encuentran.
- Diseño Instruccional (Establecimiento de Objetivos de Aprendizaje, Contenidos, Estrategias de aprendizaje y de evaluación). Es necesario que la elaboración de cualquier herramienta esté previamente pensada con un fin pedagógico. En este sentido, la determinación de los aprendizajes a lograr, así como la estructuración de los contenidos y un diseño de cuáles serían las estrategias a utilizar tanto para la enseñanza como para la evaluación, son pasos primordiales para este tipo de actividades.
- Cualidades del entorno (Hipertextualidad, Dinamicidad, Creatividad, Originalidad). En este aspecto se debe tener en cuenta dependiendo de la herramienta web 2.0 seleccionada, así como la estructura determinada, cuál sería el grado de hipertextualidad, flexibilidad, creatividad y originalidad, elementos claves para lograr el éxito de la herramienta.
- Selección del uso de la herramienta (Contenido, Portafolio, Proyecto Educativo, Espacio comunicacional, Mixto, otro). Dependiendo de la herramienta seleccionada y sus posibles prestaciones, se deben seleccionar

qué función van a cumplir las herramientas y en qué punto del acto educativo van a intervenir (inicio, desarrollo o cierre).

- Factibilidad y Accesibilidad (Facilidad de uso). En cualquier actividad a desarrollar es necesario evaluar la factibilidad y el grado de acceso de la herramienta web. 2.0.
- Elaboración de guiones de uso para docente y participantes. Se debe elaborar algún tipo de guía que oriente tanto la labor de los profesores como de los alumnos que llevarán la interacción con las herramientas.
- Selección de nivel de interacción y colaboración (bajo, medio y alto). De acuerdo con la actividad colaborativa, así como de la herramienta en sí, es conveniente seleccionar cuál puede ser el nivel de interacción y colaboración. Desde muy baja (actividades casi individuales y con poca comunicación entre los participantes, hasta actividades inter grupales, donde se miden colaboración entre participantes, grupos y extra grupos).
- Selección del nivel de tutoría. Igualmente debe determinarse el nivel y frecuencia de la tutoría, dependiendo de la estructura, las herramientas, los contenidos y los objetivos a lograr. Aquí se incluye la profundidad y frecuencia de la retroalimentación que se les da a los usuarios.
- Estructuración de las herramientas. Luego se estructura cada una de las actividades según la funcionalidad de la herramienta. No sólo en cuanto al contenido, sino la evaluación a aplicarse.
- Evaluación y prueba piloto. Finalmente se evalúa con algunos expertos y se hace una prueba piloto.
- Otros aspectos relevantes. En resumen debe tenerse en cuenta varios aspectos en la estructuración de las actividades colaborativas: En primer lugar, debe establecerse con prioridad los objetivos y competencias que se quiere lograr con los estudiantes, lo que conllevará al diseño de las

actividades. En segundo lugar, todos los elementos del entorno deben estar dirigidos al fomento de la labor colaborativa. En este sentido debe procurarse las actividades de tipo procedimental, de análisis, de resolución de problemas, elaboración de proyectos, interacción en discusiones, ya que estimular el aprendizaje colaborativo, siempre y cuando se asignen roles en el grupo.

II.3. Sistematización de las variables

Después de la revisión documental expuesta en el presente capítulo, ha llegado el momento de establecer la sistematización de las variables que se han identificado a partir de los objetivos específicos, cuya definición y operacionalización es el resultado de la síntesis operativa de la información analizada y que se muestra a continuación.

II.3.1. Definición conceptual de las variables

Variable 1. Actividades de aprendizaje

Se refiere a todas aquellas tareas (identificar, describir, comprender, analizar, investigar, diseñar, construir y evaluar) que el estudiante debe realizar y que generalmente se asocian con un producto concreto. Entre ellas, interesa destacar las que apuntan al desarrollo del aprendizaje colaborativo, para lo cual se toman en cuenta algunas de sus dimensiones, como son: las técnicas de agrupamiento, la contribución a las metas del grupo, la consideración hacia los integrantes del grupo, la contribución al conocimiento y las habilidades que se requieren para compartir con los demás.

Variable 2. Uso de herramientas Web 2.0 en las actividades de aprendizaje

Se plantea como las posibilidades que tienen los estudiantes de utilizar estas herramientas y aplicaciones en las aulas virtuales, como recursos para favorecer el aprendizaje a través de actividades colaborativas, que les permitan integrarse en grupos de trabajo; y, mediante ellas, promover la creación colectiva de contenidos, el establecimiento de recursos compartidos, el incentivo hacia la comunicación síncrona y asíncrona; y el control de calidad necesarios en el proceso educativo a distancia.

Variable 3. Fases aplicadas en el diseño de actividades de aprendizaje

Esta variable se entiende como el proceso de planificación de las aulas virtuales, en términos de los pasos a ejecutar por los profesores para el diseño de sus cursos; teniendo como norte las actividades de aprendizaje colaborativo que se ofrecen a los participantes. Estas fases contemplan desde la selección de la información a usar para administrar los contenidos, hasta la estructura de las actividades de aprendizaje; donde también se toman en cuenta aspectos de carácter administrativo como tutorías y pruebas piloto.

II.3.2. Operacionalización de las variables

Como resultado de la síntesis conceptual anterior, se generó el sistema de variables que orientó la investigación en su posterior fase de campo. Los cuadros que siguen son el resultado de dicha operacionalización, que a su vez sirvieron de base para la construcción del instrumento de recolección de datos.

Cuadro 2. Operacionalización de las variables

VARIABLE	DEFINICION OPERACIONAL	DIMENSIONES	INDICADORES	ITEM
1. Actividades de aprendizaje	Todas aquellas que realizan los estudiantes dentro de las aulas virtuales	Técnicas de agrupamiento	Actividades individuales y grupales	1
		Contribución a las metas del grupo	Distribución de las tareas	2
		Consideración hacia los integrantes del grupo	Normativas Seguimiento	3 4
		Contribución al conocimiento	Aporte individual Productos logrados	5 6
		Habilidades que se requieren para compartir con los demás	Liderazgo Empatía Responsabilidad Competencias lingüísticas	7 8 9 10
2. Uso de herramientas y aplicaciones Web 2.0	Todas aquellas que se proponen para ser utilizadas por los estudiantes dentro de las aulas virtuales	Gestión de contenidos	Blogs Wikis Youtube	11 12 13
		Acceso a la información	Plataformas Redes sociales	14 15
		Clasificación de la información	Bibliotecas Repositorios	16 17
		Servicios en línea	Chats Videoconferencias Mensajería	18 19 20
3. Fases aplicadas en el diseño de actividades de aprendizaje	Pasos aplicados para la creación de todas las acciones que ejecutan los estudiantes en las aulas virtuales	Revisión de los materiales a utilizar	Recursos abiertos-propios	21
		Diagnóstico de los participantes	Conductas de entrada Expectativas Conocimientos previos	22 23 24
		Diseño instruccional	Objetivos Contenidos Estrategias de enseñanza Estrategias de aprendizaje Estrategias de evaluación	25 26 27 28 29
		Cualidades del entorno	Hipertextualidad Dinamicidad Creatividad Originalidad	30 31 32 33
		Selección de las herramientas	Para crear Para interactuar Para comunicar	34 35 36
		Accesibilidad	Posibilidades de conexion	37
		Elaboración de guiones y tutoriales	Contempla guías e instructivos	38
		Selección del nivel de interacción	Bajo-Medio-Alto	39
		Selección del nivel de tutoría	Frecuencia diaria-interdiaria-semanal Cercania Profundidad	40 41 42
		Estructuración de las herramientas	Rígidas-flexibles	43
		Evaluación por prueba piloto Otros	Ficticia-real Observaciones del profesor	44 45

Elaboración propia (2018)

CAPÍTULO III
MARCO METODOLÓGICO

En este capítulo se presenta todo el proceso metodológico que sirvió de guía para alcanzar los objetivos de la investigación. Se plantea inicialmente el enfoque epistemológico, luego el diseño, la modalidad, el tipo y alcance del estudio; seguido de la población y muestra de participantes, las técnicas e instrumentos de recolección y de análisis de los datos y el procedimiento aplicado. Ello en correspondencia con el sistema de variables antes identificado.

Toda la estructura se corresponde con los criterios de la metodología de la investigación mixta predominantemente cuantitativa, que se ha planteado en Hernández, Fernández y Baptista (2010). Se pretende con esto resolver algunas carencias de los diseños puros, haciendo uso de técnicas preponderantemente cuantitativas con técnicas cualitativas de forma anidada, para comprender mejor el fenómeno de estudio que en este caso es de naturaleza socio-educativa, teniendo presente que la inclusión de las TIC en el proceso de enseñanza y aprendizaje en entornos a distancia es un hecho ya presente en instituciones de educación superior, como es el caso de la UNIMET.

De acuerdo con los autores citados, esta visión mixta se ha popularizado en estudios que abordan el hecho educativo, reconociendo que "su desarrollo en la primera década del siglo XXI ha sido vertiginoso" (p. 546). Esta investigación sigue esta tendencia en cuanto a la metodología planteada al considerarla como la más conveniente a la investigación, reforzando con ello la visión que los autores mencionados han propuesto, dada la naturaleza compleja del hecho educativo y más cuando se integran las TIC en contextos de educación a distancia.

III.1. El pragmatismo como enfoque epistemológico

Hernández, Fernández y Baptista (2010) comentan que "el enfoque mixto de la investigación implica un conjunto de procesos de recolección, análisis y vinculación de datos cuantitativos y cualitativos en un mismo estudio" (p. 532). Esto se sustenta en el pragmatismo como corriente filosófica, de donde deriva a su vez la epistemología de la investigación didáctica en TIC planteada por Amaro (2000; citada por Rincón, 2015).

Houser (citado por Morrison, 2015) indica que el pragmatismo se caracteriza porque el significado de la realidad se asimila desde las repercusiones prácticas, donde el pensamiento guía la acción y deriva la verdad de las cosas como consecuencia práctica de las creencias del ser humano. Esto significa que "nuestra experiencia es la que nos permite conocer y comprender las situaciones de nuestro día a día y que nuestra experiencia nos configura de alguna manera para ver una realidad". (p. 7)

Por su parte, Rincón (2015) comenta que:

> En el modelo de investigación didáctica de Amaro (2000) se hace énfasis en el rol del docente y se fundamenta la importancia de la observación como técnica de recolección de los datos justificándose por la complejidad del fenómeno educativo. El enfoque apunta a la búsqueda de la sistematización de acciones que conduzcan a verdaderos cambios cualitativos del quehacer docente. (pp. 97-98)

Zabala, Camacho y Chávez (2013), sostienen que la investigación didáctica en TIC ha evolucionado desde una visión empírica-inductiva (tradicional), pasando por la racionalista-deductiva (tecnológica) hacia la introspectiva-vivencial (fenomenología). En tal sentido, plantean que al evolucionar se ha logrado establecer:

> una interacción pragmática e instrumental al introducir las TIC como herramientas e instrumentos en el aprendizaje. Con esta visión, las TIC se extienden a la universalidad en los diferentes ámbitos de acción, producto de la globalización y de la sociedad de la información y del conocimiento, mediante una cultura digital interconectada en redes interactivas, hasta llegar a la visión prospectiva de las TIC, que incluye ambientes virtuales dentro de un paradigma social del conocimiento. (p. 189)

Guelmes y Nieto (2015) proponen como fortalezas de la investigación mixta las siguientes:

> Las palabras, las imágenes y la narrativa se pueden utilizar para entender los números.
> Los números se pueden utilizar para agregar precisión y para entender a las imágenes y la narrativa.
> Se puede responder a una gama más amplia de preguntas.
> Un investigador puede utilizar las fortalezas de un método para superar las debilidades del otro.
> La convergencia de conclusiones puede ayudar a corroborar los resultados.
> La conjunción de técnicas cualitativas y cuantitativas produce un conocimiento más completo. (párrs. 20-27)

Como en esta investigación interesa sobre todo conocer la realidad de la práctica educativa a distancia, una realidad específica y puntual que sucede en torno a las experiencias de aprendizaje mediadas por las TIC en los cursos a distancia que se ofrecen en la Universidad Metropolitana, donde se desea saber cómo se propicia la colaboración en las actividades de aprendizaje diseñadas en el curso de Tecnologías para el Aprendizaje por los docentes del Departamento de Ciencias de la Educación, este enfoque permite desde la práctica construir la realidad del hecho estudiado. En donde además el rol del docente como diseñador instruccional se va desarrollando de manera progresiva, en la búsqueda del perfil idóneo que promueva en sus estudiantes el aprendizaje colaborativo a través de actividades que apuntan a tal fin.

III.2. Diseño de la investigación

Consecuentemente con el enfoque epistemológico pragmático, se ha seleccionado el diseño mixto predominantemente cuantitativo (Hernández, Fernández y Baptista, 2010), por ser el más conveniente dada la naturaleza compleja y cambiante del objeto de estudio. A su vez, dentro de las variedades de diseños mixtos planteados por los autores citados, se trabajó con el "Diseño anidado o incrustado concurrente de modelo dominante (DIAC)" (p. 559), donde los datos cualitativos se incrustan en los datos cuantitativos, básicamente al servir los primeros de punto de partida para el planteamiento del problema de esta investigación.

En el diseño DIAC la principal ventaja es que "se recolectan datos cuantitativos y cualitativos (en una fase) y el investigador posee una visión más completa y holística del problema de estudio, es decir, obtiene las fortalezas del análisis CUAN y CUAL" (ob.cit; p. 560). Al haber una sola fase de recolección de la información, el ejercicio se agiliza y se manejan mejor los tiempos en la fase de campo.

Los autores citados, en la tabla 17.1 de su texto mencionan que:

> Usar los resultados de un método para ayudar a desplegar o informar al otro método en diversas cuestiones, como el muestreo, los procedimientos, la recolección y el análisis de los datos. Incluso, un enfoque puede proveerle al otro de hipótesis y soporte empírico. Por ejemplo, facilitar el muestreo de casos de un método, apoyándose en el otro. (p. 539)

En función de lo anteriormente citado, es claro que los datos iniciales recogidos por este investigador mediante la observación no participante, que no fueron sistematizados en ningún instrumento, sirvieron de impulso y de hipótesis, así como de soporte empírico. De allí que se justifique el diseño mixto como el que más se ajusta a los intereses del presente estudio.

III.3. Tipo y nivel de la investigación

El diseño DIAC planteado (ob.cit) se apoya en el tipo de investigación de campo no experimental transeccional, al haber una sola recolección de datos sin manipulación de variables. Asimismo, se tiene una investigación de nivel analítico, por el alcance del objetivo general propuesto en el presente estudio.

En efecto, se puede decir que la investigación de campo estuvo presente desde el primer momento de inmersión del investigador como actor, dado que este ha sido docente en aulas a distancia diseñadas con la herramienta Google® Sites, en la UNIMET, lo que se corresponde con la investigación cualitativa. El primer contacto con la situación objeto de estudio se hizo en dichas aulas, donde el investigador observó el comportamiento de sus propios estudiantes y de donde surgió la inquietud por el trabajo colaborativo dentro del aula virtual, datos que no se sistematizaron de manera estructurada pero que sirvieron como evidencia fáctica.

Una vez planteado el problema, el investigador tuvo la posibilidad de abordar el campo nuevamente durante una sola fase de recolección de datos estructurados, esta vez para registrar datos sistemáticamente, lo que se corresponde con la investigación cuantitativa. En esta fase de trabajo de campo propiamente dicho, el investigador se aisló del objeto de estudio y pasó a ser un agente externo a los actores del proceso educativo, con lo cual adquirió una postura más objetiva e impersonal, como si no conociera la realidad que le interesa analizar.

Finalmente, en el momento del análisis es cuando el investigador hace el anidado de la información obtenida tanto en el primer momento de inmersión como en el segundo momento de recolección de datos en campo. De esto se concluye que el nivel analítico se alcanza una vez que se integran todos los datos de diferente origen y naturaleza, de acuerdo con el diseño DIAC planteado (ob.cit).

III.4. Participantes que aportaron la información

Como ya se ha dicho, este estudio se contextualizó en los cursos a distancia del Departamento de Ciencias de la Educación de la UNIMET que se han diseñado en la herramienta Google® Site. Los participantes que interactúan en tales cursos son los docentes y los estudiantes. Se trata por ende de dos conglomerados, ambos homogéneos por sus características constitutivas. Los estudiantes son los que inscribieron el curso de "Tecnología para el Aprendizaje" en el período 14-15-1 del año básico de formación y los docentes son los que pertenecen al departamento mencionado, que hayan diseñado y administrado el mismo curso que se ha tomado como piloto para esta investigación.

Con respecto al muestreo de estudiantes, se planteó como intencional y focalizado en los que en su momento cursaron la asignatura con este investigador, a quien le ofrecieron sus impresiones en cuanto a las actividades de aprendizaje propuestas. El investigador, para aquel momento el profesor de la asignatura, con esta información planteó el problema de esta investigación.

Con respecto a los docentes, no se consideró una muestra sino que se trabajó con toda la población de profesores del Departamento de Ciencias de la Educación, específicamente con los que han diseñado sus cursos en la herramienta Google® Sites, que estén o no administrándolos en la actualidad. La población consta de dieciocho (18) profesores, de los cuales se tomó como muestra efectiva la cantidad de catorce (14), quienes respondieron en el plazo ofrecido el instrumento de recolección de datos.

III.5. Técnicas e Instrumentos de Recolección de la Información

De acuerdo al tipo de información que aportó inicialmente el grupo de estudiantes durante la fase de inmersión del problema, se aplicó como instrumento un registro anecdótico a través de la técnica de la observación no participante. En dicho registro se recogieron las impresiones de los cuatrocientos ochenta (480) estudiantes que en su momento eran los cursantes de la asignatura "Tecnologías para el Aprendizaje" que dictó este investigador. Estas anotaciones inestructuradas pero focalizadas en los estudiantes que cursaron la asignatura, más las observaciones hechas al cierre del curso, en donde se tomó en cuenta el grado de participación en las actividades de aprendizaje colaborativas planteadas, dieron cuenta a este investigador de la necesidad de estudiar el diseño instruccional y las actividades de aprendizaje incluidas en los mismos.

Lo anterior dio pie para plantear un cuestionario a docentes, bajo la técnica de la encuesta. El mismo se diseñó con base en la operacionalización de variables expuesta en el capítulo II de este informe, lo que resultó en un cuestionario mixto de cuarenta y cinco (45) items divididos en tres (3) partes. Los items son de selección simple con dos (2) o tres (3) opciones de respuesta, dependiendo de la interrogante planteada. Dado que los docentes están altamente familiarizados con herramientas Web 2.0, se montó el cuestionario en Google® Forms y se les hizo llegar el enlace vía correo electrónico.

El cuestionario se ofreció durante la primera y segunda semanas del mes de octubre de 2018. La participación de los profesores se verificó entre los días 09 y 16 de ese mes. Los profesores contestaron el instrumento en su totalidad y dos de ellos aportaron observaciones adicionales. De lo que se concluye que el ejercicio de campo se alcanzó satisfactoriamente.

III.6. Técnicas e instrumentos de análisis de la información

Para los datos recolectados en la fase de inmersión del problema se planteó la técnica de análisis de contenido, lo que permitió elaborar un ensayo descriptivo de la situación y hacer un listado de hipótesis o inferencias explicativas del comportamiento manifestado por los estudiantes. Esto se corresponde con el método cualitativo utilizado para la fase de inicio de la investigación, pero luego los datos se anidan al método cuantitativo subsiguiente.

Seguidamente, para los datos recolectados en la fase de campo con el instrumento tipo cuestionario, se planteó la técnica estadística descriptiva, a través de gráficas de frecuencia de cada una de las opciones de respuesta, lo que se alinea con el método cuantitativo el cual se considera central o predominante en esta investigación.

Finalmente, para llevar a cabo el análisis conclusivo acerca de los niveles de colaboración de las actividades de aprendizaje propuestas en las aulas virtuales del curso "Tecnología para el Aprendizaje", se planteó la integración de todos los datos bajo la técnica de análisis de contenido, cuyo resultado se expresa en un ensayo explicativo en el capítulo V del presente informe.

III.7. Validación del instrumento utilizado en la fase de campo

Como ya se mencionó, el cuestionario mixto que se diseñó para obtener los datos relacionados con las variables operacionalizadas, se sometió a la técnica de validación por juicio de experto en el mes de septiembre de 2018. Para ello, se hizo llegar vía correo electrónico el instrumento en cuestión, conjuntamente con la operacionalización de variables, a cada uno de los participantes en calidad de expertos, así como el acta de validación cuyo modelo fue tomado de Corral (2009), con sus debidas adaptaciones. Los tres validadores son profesores activos de la UNIMET con amplia experiencia en el diseño de cursos tanto a distancia como presenciales.

Los profesores Esteban de Freitas y José Andrés Fuenmayor dejaron el instrumento en las mismas condiciones y no hicieron ningún tipo de observación, más allá de aprobarlo en todos sus términos y condiciones. Mientras que el profesor Mario Eugui comentó lo siguiente:

1) Preguntas: Se requiere mayor precisión sobre quién llena el instrumento. El estudiante? El Profesor? Ambos? De ser ambos quien llenaría qué aspecto? Se requiere mayor conocimiento en torno a quién responde el instrumento y si tiene un tiempo específico para hacerlo. 15 minutos no es un tiempo suficiente para responder con la debida reflexión y madurez.

2) El instrumento es adecuadamente e integralmente completo en sus fases de: a) Actividades de aprendizaje, y b) Herramientas y aplicaciones Web 2.0. En ambas fases el investigador tiene mayor dominio y control sobre los temas a ser investigados y en consecuencia tiende a ser más preciso y conocedor de lo que aspira a conocer.

3) La fase para el diseño de actividades está más asociada al usuario a ser investigado y es de naturaleza más compleja controlar y evaluar la veracidad u objetividad del comportamiento a partir de las respuestas obtenidas. Durante esta fase se trata de obtener un cúmulo de información por encima de la capacidad de lograr determinar el grado de objetividad de las respuestas. Aunque el instrumento está muy bien diseñado podría optarse por evaluar y reconsiderar las siguientes opciones:

3.1) Mantener el instrumento como está actualmente diseñado.

3.2) Mantener las preguntas del esquema de las preguntas de la fase I y II. Evaluar la posibilidad de reducir la fase III (el diseño de actividades) a incluir solo las preguntas más pertinentes y menos sujetas a ser respondidas por el estudiante y/o sujetas a multi-interpretación.

3.3) Incorporar a las preguntas sujetas a multi-interpretación a un rediseño complementario más amplio (con preguntas cerradas y/o abiertas que permitan precisar mayor grado de objetividad por parte del estudiante para responder y del investigador por arribar a conclusiones más certeras.

En conclusión, es un excelente instrumento que con cierto nivel de adecuaciones logrará ampliamente el cometido del objetivo que se propone. El instrumento reúne las condiciones para aplicarse como está elaborado. Sin embargo y queda a criterio del investigador, el asegurarse que la interpretación a las respuestas de la fase III se mantenga apegada a la veracidad que es requerida en lograr respuestas que puedan ser interpretadas y validadas objetivamente por los usuarios que utilizarán el instrumento. (Acta de validación. p.1)

Expresadas estas consideraciones, el investigador optó por hacer las adecuaciones sugeridas por el tercer validador. Se modificó la redacción de los items de la fase III y se ajustaron las opciones de respuesta para evitar la multi-interpretación. Igualmente, se aclaró que el instrumento sólo se aplicaría a docentes, por lo que se asumió el grado de dominio de los mismos en el tema del diseño de ambientes de aprendizaje a distancia.

Habiendo hecho las debidas correcciones, se subió el instrumento a la herramienta Web 2.0 Google® Forms, ahora con cuarenta y nueve 49 items y se tomó el enlace que se envió vía correo electrónico a todos los profesores del Departamento de Ciencias de la Educación que han diseñado cursos a distancia utilizando la herramienta Google® Sites.

III.8. Confiabilidad del instrumento utilizado en la fase de campo

Para efectos de la confiabilidad se aplicó una prueba piloto, en la cual participaron dos (2) profesores cuyas características son absolutamente similares a las del grupo de participantes, siguiendo los lineamientos para este tipo de técnica que ofrece Corral (2009). Esto significa que los participantes de la prueba piloto son docentes con experiencia en el diseño y administración de cursos a distancia, que además conocen la herramienta Google® Sites y la han usado en otras ocasiones.

Los resultados se contabilizaron utilizando la herramienta Google® Drive, en donde se montó una hoja de cálculo para estimar el coeficiente Alpha de Cronbach, el cual permitió obtener el grado de variabilidad de las respuestas. La matriz dio como resultado un coeficiente de 0.70, lo que indica una confiabilidad aceptable para el instrumento. El modelo definitivo del instrumento debidamente validado y confiable se muestra en el anexo A del presente informe.

III.9. Procedimiento

A continuación se presentan las fases recorridas a lo largo de la presente investigación:

Cuadro 3. Fases de la Investigación

FASE	FECHA	ACTIVIDADES
Inmersión inicial	Enero - Marzo 2018	• Recolección de datos inestructurados durante la administración del curso "Tecnología para el Aprendizaje" • Redacción del planteamiento del problema
Revisión documental	Abril - Julio 2018	• Revisión de antecedentes, teorías y conceptualizaciones. • Operacionalización de las variables • Redacción del marco referencial
Selección de metodología a emplear	Agosto - Septiembre 2018	• Revisión de epistemologías y métodos • Validación del instrumento • Prueba piloto del instrumento • Redacción del marco metodológico
Campo	Septiembre - Octubre 2018	• Aplicación del instrumento • Recolección de datos sistematizados • Redacción de los resultados encontrados
Cierre	Noviembre 2018	• Redacción de las conclusiones • Preparación del informe final

Elaboración propia (2018)

CAPÍTULO IV

PRESENTACIÓN Y ANÁLISIS DE RESULTADOS

En este capítulo se detallan y se analizan los resultados obtenidos con el instrumento aplicado en la fase de campo. Como ya se mencionó en el capítulo anterior, se contó con la participación de catorce (14) profesores del Departamento de Ciencias de la Educación de la UNIMET, quienes han diseñado y administrado el curso de "Tecnología para el aprendizaje" a través de la herramienta Google® Sites.

Los resultados de los cuarenta y nueve (49) items del instrumento se analizaron de forma individual. Adicionalmente, se presenta un análisis de cada una de sus partes y al cierre se presenta una síntesis general con lo más resaltante de cada resultado, así como los hallazgos o resultados no esperados. En la síntesis también se anidan los primeros datos obtenidos durante la fase de inmersión del problema.

IV.1. Primera parte: Actividades de Aprendizaje

Item 1. Agrupamiento

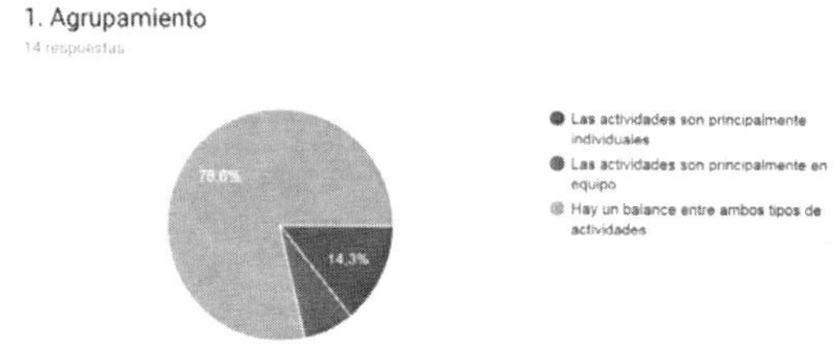

Figura 6. Agrupamiento

Los profesores consideran que las actividades propuestas en el curso están balanceadas en cuanto al tipo de agrupamiento, al existir tanto actividades individuales como en equipo. La categoría se saturó al haber once (11) profesores de acuerdo con esta opción de respuesta.

Item 2. Contribución a las metas del equipo

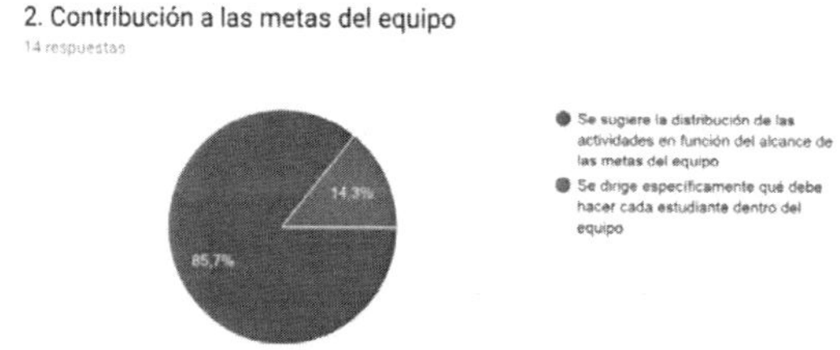

Figura 7. Contribución a las metas del equipo

Los profesores están de acuerdo en que las actividades se distribuyen en función de las metas que se pretende que alcance el equipo. La categoría se saturó con doce (12) respuestas coincidentes.

Item 3. Cumplimiento de los integrantes del equipo

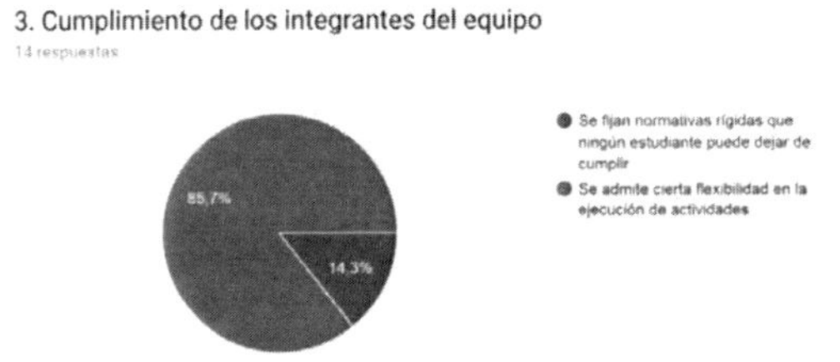

Figura 8. Cumplimiento de los integrantes del equipo

Los profesores consideran que existe flexibilidad en el cumplimiento de las actividades por parte de los equipos de trabajo colaborativo, al presentarse saturada la categoría.

Item 4. Supervisión de la hoja de ruta o secuencia de actividades

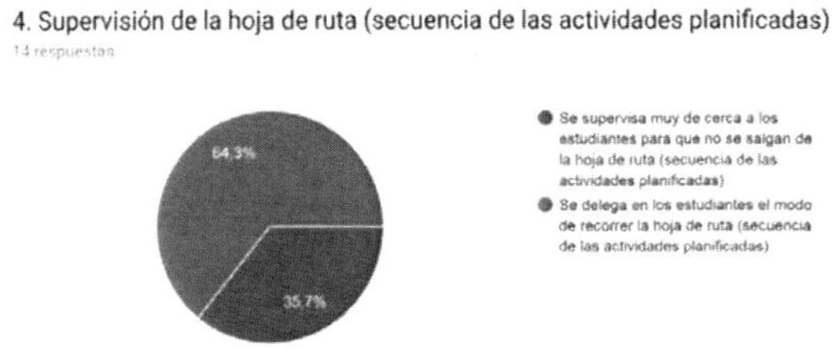

Figura 9. Supervisión de la hoja de ruta o secuencia de actividades

Los profesores en su mayoría delegan en los estudiantes el modo de recorrer la hoja de ruta, pero hay un porcentaje significativo que prefiere supervisan que estos no se salgan de la secuencia. Podría decirse que hay discrepancias y que todavía algunos profesores no ven bien dejar a los estudiantes que se autorregulen.

Item 5. Construcción del conocimiento

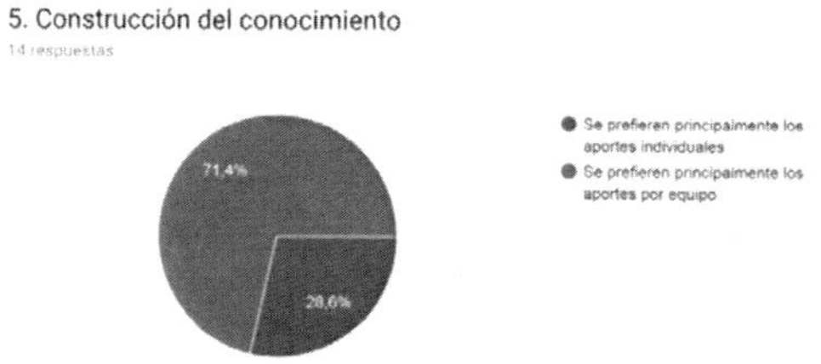

Figura 10. Construcción del conocimiento

En este punto, los profesores en su mayoría consideran que el aprendizaje colaborativo es imprescindible, donde cada estudiante aporta a la construcción conjunta del conocimiento.

Item 6. Aportes al conocimiento

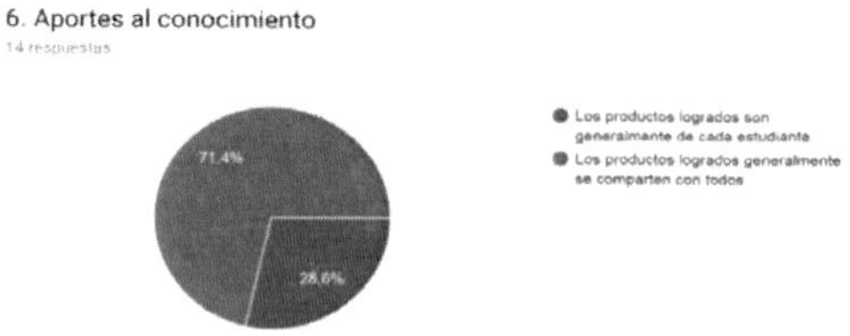

Figura 11. Aportes al conocimiento

Los profesores coinciden en su mayoría con que los aportes se comparten entre todos los integrantes de los equipos, a pesar de que un porcentaje menor considera que generalmente son de cada estudiante y no se comparten entre ellos.

Item 7. Habilidades personales que se requieren para colaborar con los demás

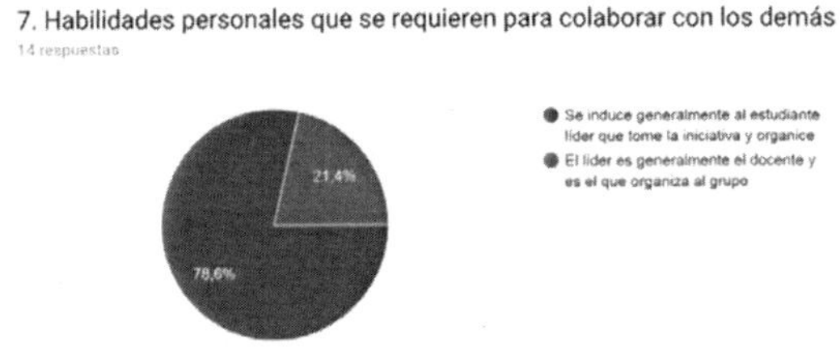

Figura 12. Habilidades personales que se requieren para colaborar con los demás

Los profesores están conscientes de la necesidad de inducir a los líderes para que tomen la iniciativa dentro del grupo de estudiantes y sean ellos los que organicen las actividades de aprendizaje.

Item 8. Opciones de colaborar con los demás

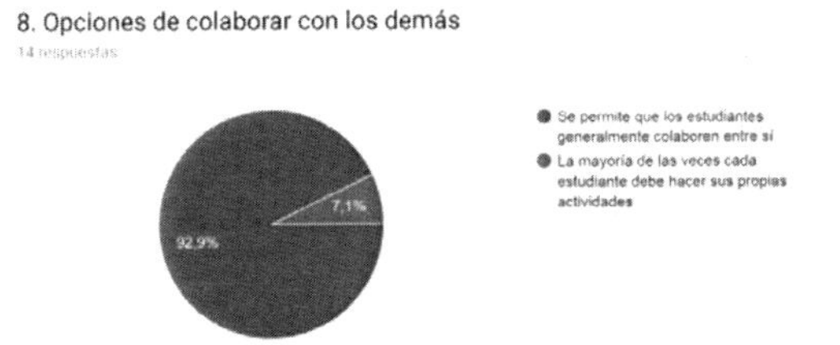

Figura 13. Opciones de colaborar con los demás

Los profesores en forma contundente coinciden en que dentro de los cursos se dan todas las opciones para que los estudiantes colaboren entre sí.

Item 9. Responsabilidades ante el curso

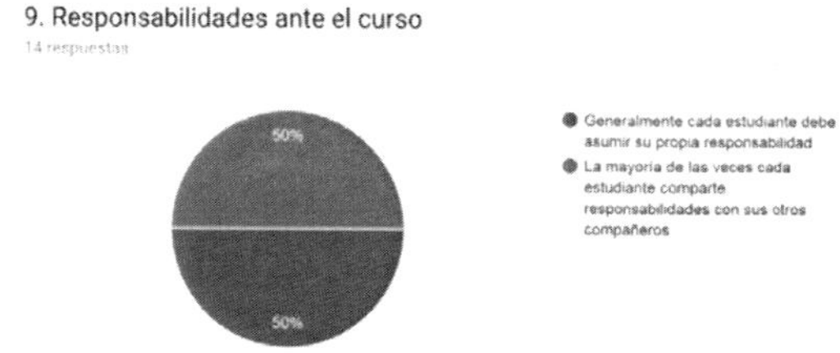

Figura 14. Responsabilidades ante el curso

No existe acuerdo entre los profesores con respecto a la responsabilidad que los estudiantes asumen con sus compañeros cuando trabajan en equipo. Esto es un indicador de una debilidad de los estudiantes, detectada por sus profesores.

Item 10. Habilidades lingüísticas para colaborar con los demás

Figura 15. Habilidades lingüísticas para colaborar con los demás

Los profesores están absolutamente de acuerdo en que se promueven en el curso las competencias lingüísticas de los estudiantes.

IV.1.1. Análisis de las actividades de aprendizaje

Sobre la base de estos resultados encontrados se puede decir que las actividades de aprendizaje del curso de "Tecnología para el Aprendizaje" proporcionan lo necesario para promover al aprendizaje colaborativo al tomar en cuenta todas las características que estas deben tener en cuanto a la promoción de agrupamientos, impulso a las metas, construcción del conocimiento colaborativo, liderazgo y habilidades lingüísticas.

Por otro lado, no hay acuerdo entre los profesores sobre las responsabilidades que deben asumir los estudiantes cuando trabajan en equipo, donde al parecer se encuentra la principal debilidad, lo que podría estar asociado a la baja identificación del liderazgo entre pares. Se infiere que los estudiantes aún no perciben la importancia de trabajar en equipo, lo que explica el rechazo que algunos sienten hacia los cursos a distancia.

Esta actitud de escasa responsabilidad frente a las actividades de aprendizaje, aunado a que la supervisión de la hoja de ruta se delega en los estudiantes en lugar de estar encargado principalmente el profesor, genera ansiedad y desasosiego en los participantes al no tener un mayor y más cercano seguimiento por parte del que consideran la autoridad o líder natural, es decir, el profesor.

En definitiva, hay suficientes indicios como para afirmar que existen todavía actitudes que modificar en los estudiantes con respecto a su papel protagónico en cursos a distancia, donde debe haber una participación activa y responsable en torno a las actividades de aprendizaje, así como la definición de un liderazgo positivo y motivador entre pares. Ese cambio de rol, de estudiante pasivo a estudiante activo, debe modelarse por el profesor, quien debe asumir principalmente el control de la hoja de ruta y motivar para que los estudiantes se organicen para ejecutar las actividades.

Anidando los datos iniciales de los estudiantes con los obtenidos en esta fase de campo por parte de los profesores, se puede afirmar que existen coincidencias entre lo expresado por unos y otros. Los estudiantes al parecer demandan un poco más de claridad en lo que deben realizar y los profesores admiten que no siempre hacen seguimiento de cerca a la hoja de ruta. Por su parte, los profesores demandan un poco más de responsabilidad en la ejecución de las actividades.

Este investigador considera que incidiendo en la supervisión de la hoja de ruta, lo segundo sería una consecuencia natural, pues los estudiantes al saber lo que tienen que hacer seguramente estarían un poco más seguros y lo demostrarían ejecutando las actividades. El término supervisión no tiene en esta investigación una connotación negativa. Se supervisa para apoyar, no para reprimir o para penalizar. Tal vez, el profesor debería tener en cuenta que los estudiantes no están familiarizados del todo con la modalidad a distancia y requieren más apoyo y supervisión constante.

IV.2. Segunda Parte: Herramientas y aplicaciones Web 2.0

Item 11. Gestión de contenidos

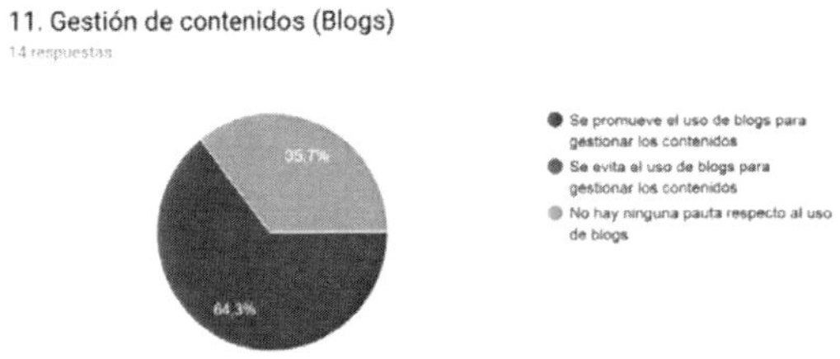

Figura 16. Gestión de contenidos (Blogs)

Los profesores consideran en su mayoría que promueven el uso de blogs para gestionar los contenidos del curso. Sin embargo, hay un porcentaje significativo que no lo hace.

Item 12. Gestión de contenidos (Wikis)

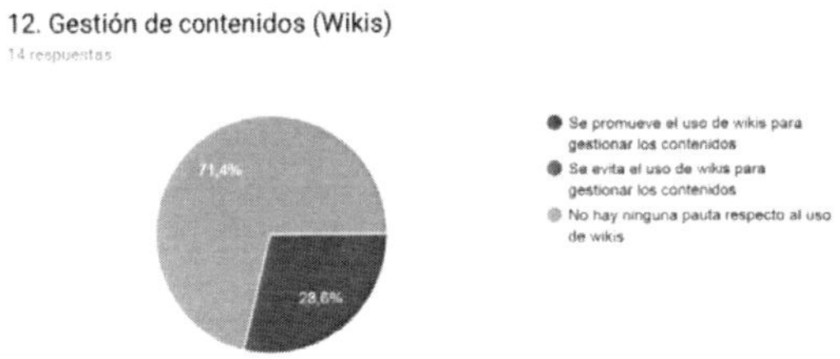

Figura 17. Gestión de contenidos (Wikis)

Los profesores promueven más el uso de wikis que de blogs para gestionar los contenidos; sin embargo hay algunos que lo evitan.

Item 13. Gestión de contenidos (Youtube)

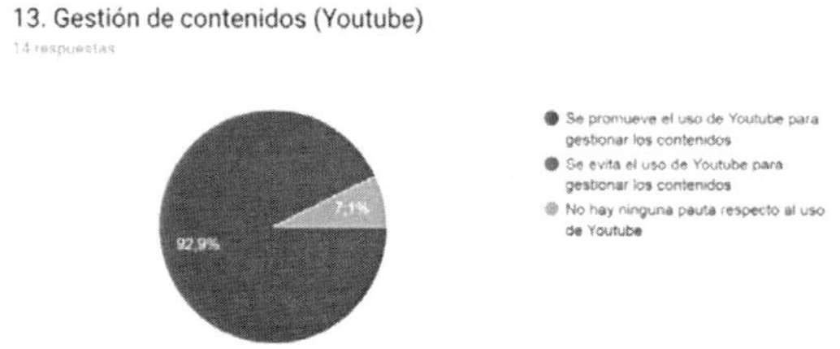

Figura 18. Gestión de contenidos (Youtube)

Los profesores han optado casi de forma unánime a gestionar contenidos en formato audiovisual.

Item 14. Acceso a la información por medio de discos duros virtuales

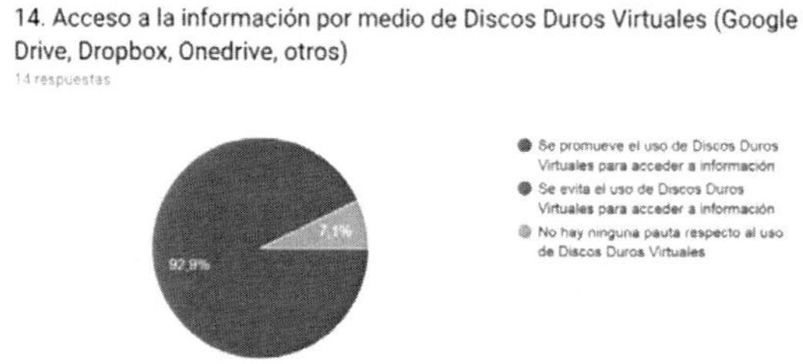

Figura 19. Acceso a la información por medio de discos duros virtuales

Los profesores coinciden casi de forma unánime en promover el uso de repositorios para alojar y compartir la información del curso.

Item 15. Acceso a la información en plataformas

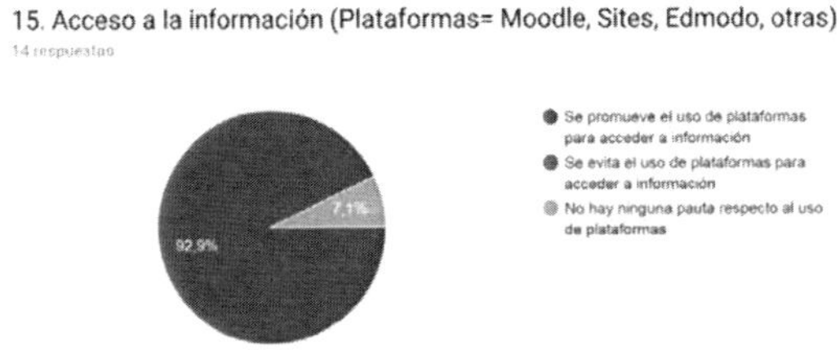

Figura 21. Acceso a la información en plataformas

Lógicamente, casi de forma unánime los profesores coinciden en que se promueve el uso de plataformas, siendo el curso pautado precisamente en una de ellas.

Item 16. Acceso a la información en redes sociales

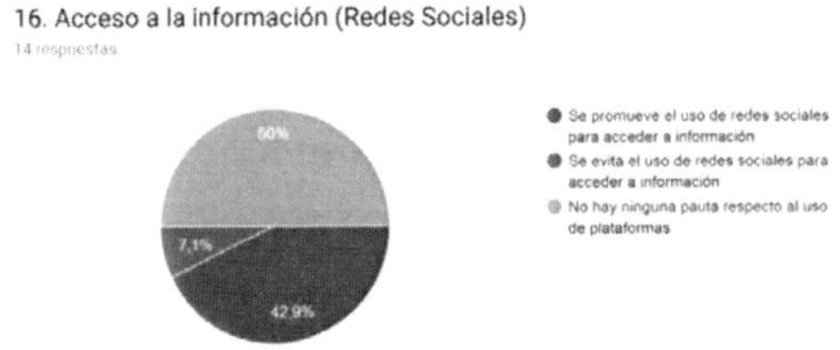

Figura 21. Acceso a la información en redes sociales

Los profesores no logran un acuerdo en cuanto al acceso a la información vía redes sociales. La mitad de ellos afirma no dar pautas en relación al uso de redes sociales.

Item 17. Uso de redes sociales

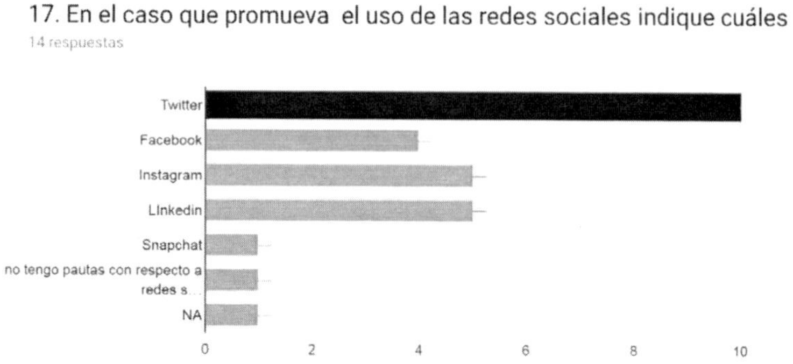

Figura 22. Uso de redes sociales

En el caso hipotético planteado, los profesores se decantaron por Twitter como la red social que promovería para el acceso a los contenidos.

Item 18. Clasificación de la información (bibliotecas digitales)

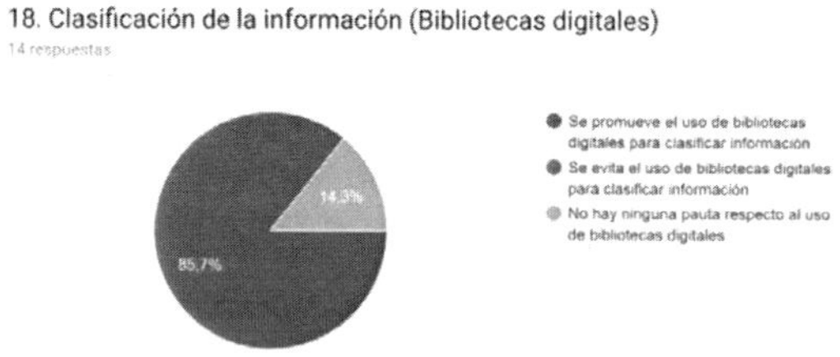

Figura 23. Clasificación de la información en bibliotecas digitales

Los profesores coinciden en que los cursos promueven el uso de bibliotecas digitales entre los estudiantes.

Item 19. Clasificación de la información en repositorios

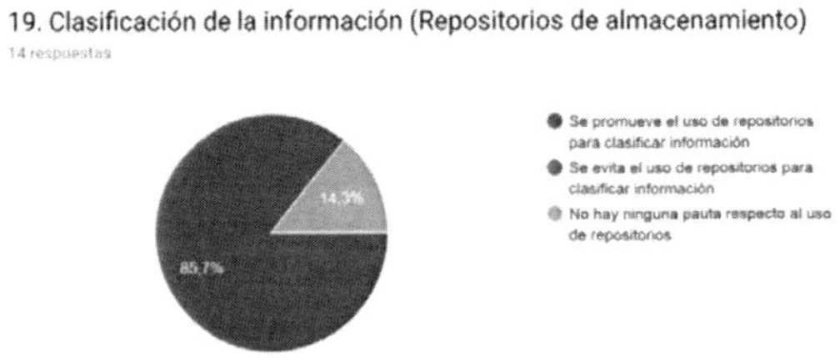

Figura 24. Clasificación de la información en repositorios

Los profesores coinciden en que en el curso se promueve el uso de los repositorios para almacenar y clasificar la información, que luego perfectamente puede compartirse.

Item 20. Servicios en línea (Chats)

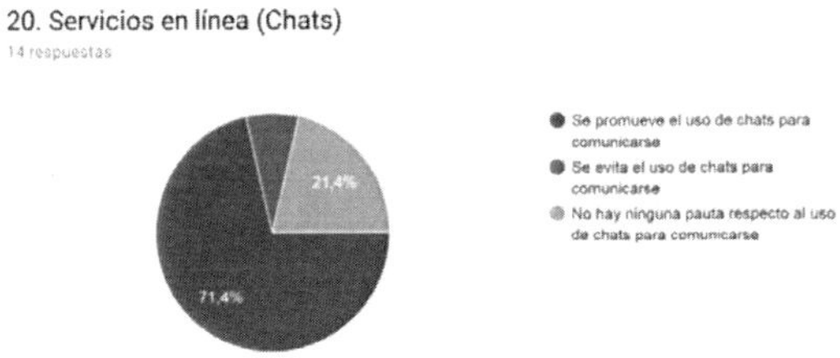

Figura 25. Servicios en línea (Chats)

Los profesores coinciden en buena medida en que en el curso se promueve el uso de chats para establecer la comunicación entre estudiantes.

Item 21. Servicios en línea (videoconferencias)

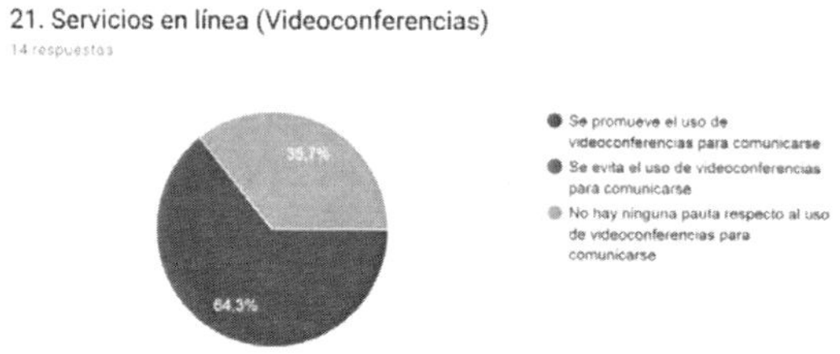

Figura 26. Servicios en línea (videoconferencias)

Los profesores, en menor medida, promueven el uso de videoconferencias para comunicarse con los estudiantes. Mientras que un porcentaje significativo afirma no haber dado ninguna pauta al respecto.

Item 22. Servicios en línea (mensajería -sms-)

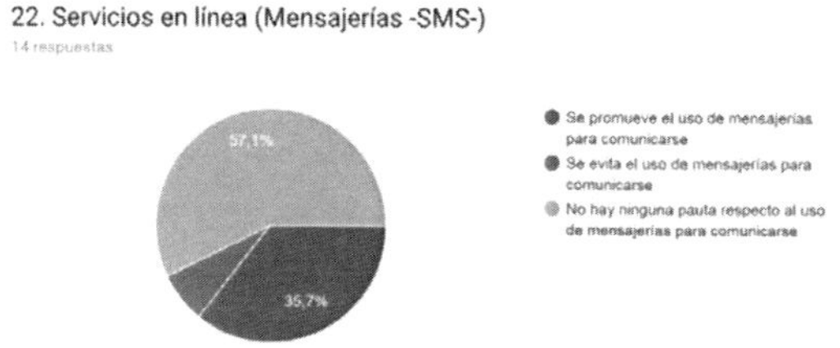

Figura 27. Servicios en línea (mensajería -sms-)

Los profesores en su mayoría coinciden en que no existe ninguna pauta en el curso con respecto al uso de mensajería sms.

Item 23. Servicios en línea (Whatsapp, Telegram, otros...)

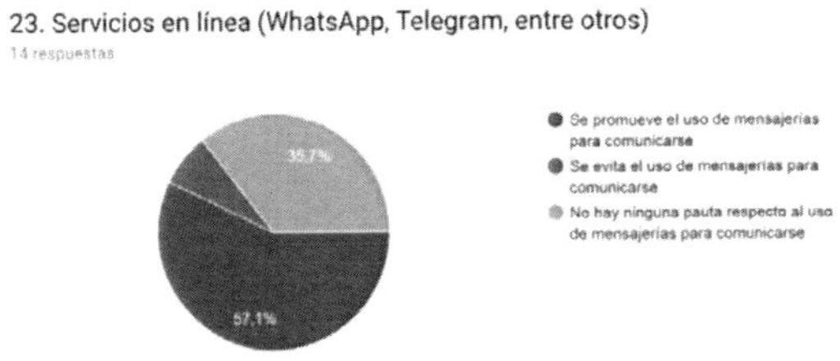

Figura 28. Servicios en línea (Whatsapp, Telegram, otros...)

Si bien la mayoría coincide en que se promueve el uso de servicios en línea tipo mensajería instantánea, un porcentaje significativo no la usa o considera que en el curso no hay pautas al respecto.

Item 24. Documentos en línea (Drive, WordOnline, otros...)

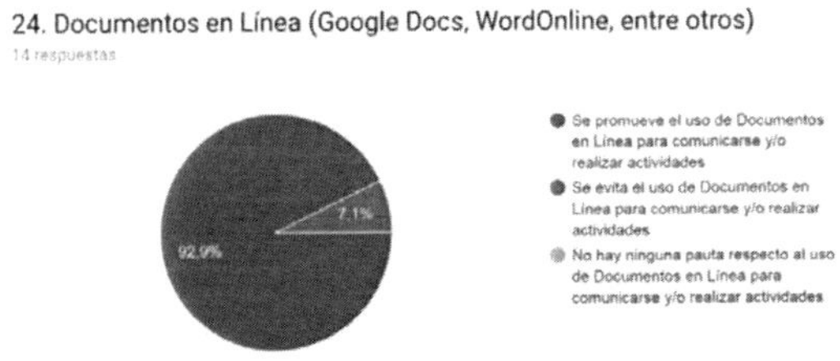

Figura 29. Documentos en línea (Drive, WordOnline, otros...)

Los profesores coinciden casi de forma unánime que el curso promueve el uso de documentos en línea.

IV.2.1. Análisis de las herramientas Web 2.0

Todos los resultados confirman que los profesores que diseñan y administran cursos a distancia y que participaron en este fase de campo, están absolutamente ganados a la idea de incorporar las herramientas Web 2.0 al estar convencidos de su utilidad para el proceso de aprendizaje. La única excepción está en el uso de las redes sociales y la mensajería instantánea tipo Whatsapp, pues todavía existe cierta resistencia por parte de los profesores.

En cuanto a la gestión de contenidos se inclinan definitivamente por Youtube y los contenidos de tipo audiovisual. En cuanto al acceso a la información prefieren las plataformas, las bibliotecas digitales y los repositorios. Sobre los servicios en línea se inclinan por el chat y el correo electrónico. Y en cuanto al uso de documentos en línea convienen en la importancia de usar herramientas que faciliten el uso compartido.

En función de estos resultados, es evidente que todas las herramientas Web 2.0 están al alcance de los estudiantes en los cursos a distancia diseñados y administrados por los profesores que participaron en este ejercicio de campo. Pero como ya se ha dicho en este informe, tenerlas al alcance no garantiza que se evidencie el trabajo colaborativo, pues además de tenerlas hace falta desarrollar la actitud 2.0, algo que es más complicado que tener las herramientas al alcance. Esto lleva a plantear la necesidad de trabajar el cambio de actitud más que promover simplemente el uso.

IV.3. Tercera Parte: Fases para el diseño de actividades

Item 25. Revisión de materiales a utilizar

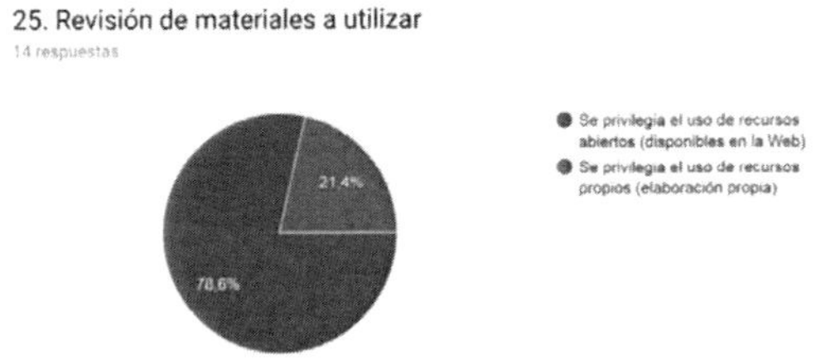

Figura 30. Revisión de materiales a utilizar

Aunque la mayoría de los profesores coincide que se privilegia el uso de recursos abiertos disponible en la Web, existe un pequeño porcentaje que piensa que se privilegia el uso de recursos propios.

Item 26. Diagnóstico de conductas de entrada

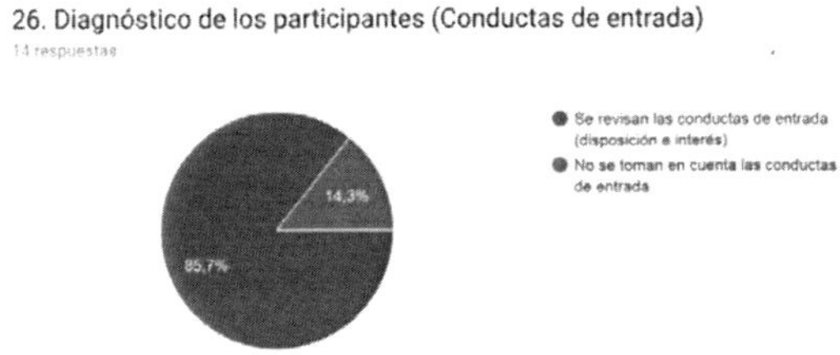

Figura 31. Diagnóstico de conductas de entrada

Los profesores coinciden en que se revisan las conductas de entrada de los estudiantes en el curso, en cuanto a su disposición e interés. Pero un pequeño porcentaje considera que no se toman en cuenta.

Item 27. Diagnóstico de las expectativas

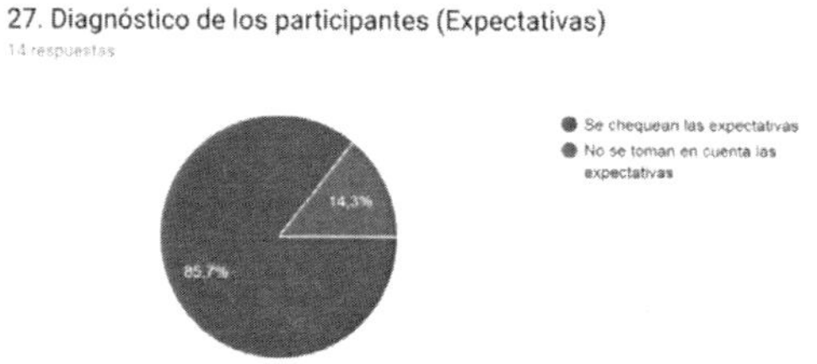

Figura 32. Diagnóstico de las expectativas

Los profesores nuevamente coinciden en que se chequean las expectativas de los estudiantes en el curso, aunque un pequeño porcentaje piensa que no se toman en cuenta.

Item 28. Diagnóstico de conocimientos previos

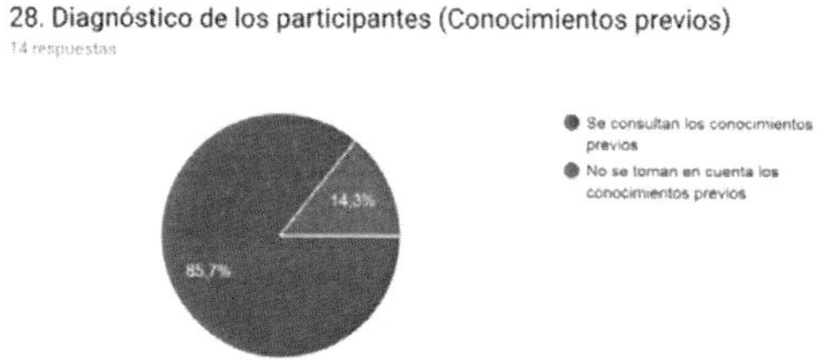

Figura 33. Diagnóstico de conocimientos previos

Nuevamente, se encuentra el mismo resultado con respecto al diagnóstico de los conocimientos previos de los estudiantes, donde un pequeño porcentaje dice que no se toman en cuenta.

Item 29. Diseño instruccional (objetivos)

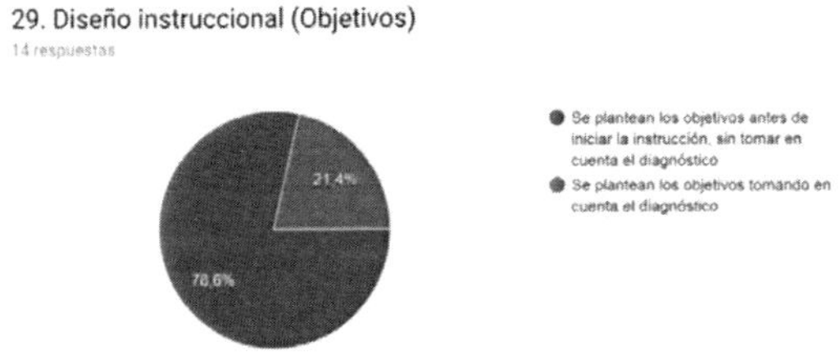

Figura 34. Diseño instruccional (objetivos)

La mayoría de los profesores coinciden en que al plantear los objetivos antes de iniciar la instrucción, no se toma en cuenta el diagnóstico. En este resultado se aprecia cierta contradicción, pues en las interrogantes anteriores se afirma que se chequean conductas de entrada, expectativas y conocimientos previos, que luego no se toman en cuenta para el diseño del curso.

Item 30. Diseño instruccional (contenidos)

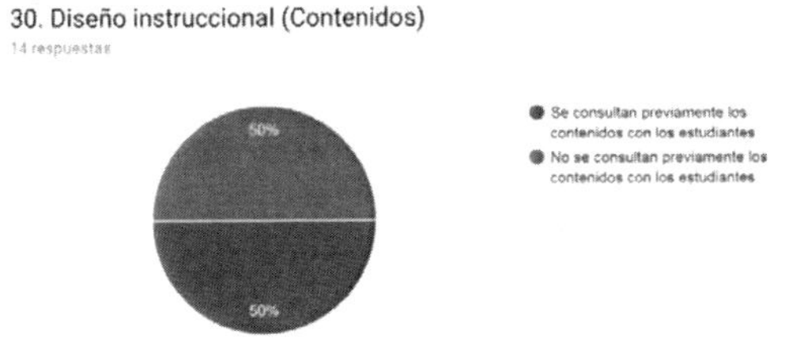

Figura 35. Diseño instruccional (contenidos)

No existe acuerdo entre los profesores acerca de la consulta previa de los contenidos con los estudiantes a la hora de iniciar el curso. Este es otro indicador que muestra inconsistencia con el diseño constructivista de la instrucción.

Item 31. Diseño instruccional (estrategias)

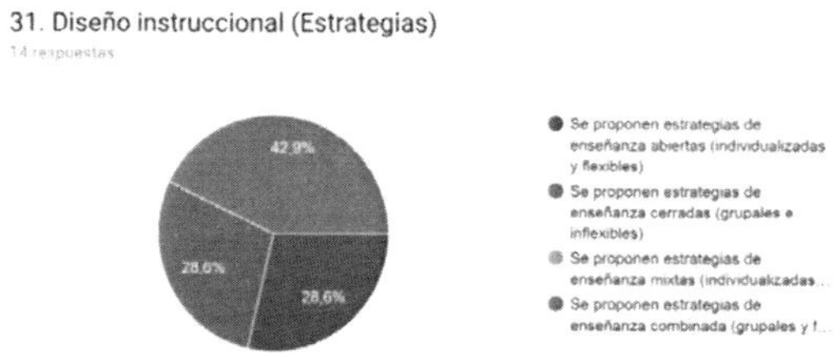

Figura 36. Diseño instruccional (estrategias)

En cuanto a las estrategias, los profesores no logran un acuerdo en las que propone el curso, lo cual denota que en este punto los profesores tienen divergencias en sus visiones de cursos a distancia. Llama la atención que un porcentaje significativo expresa que las estrategias son cerradas e inflexibles, es decir, que no se negocian con los estudiantes.

Item 32. Diseño instruccional (estrategias 2)

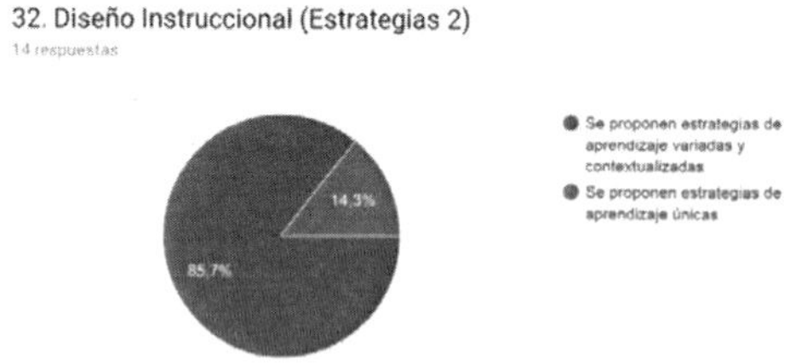

Figura 37. Diseño instruccional (estrategias 2)

Los profesores coinciden en que, a pesar de que las estrategias en algunos casos son cerradas e inflexibles, las mismas son variadas y contextualizadas.

Item 33. Diseño instruccional (evaluación)

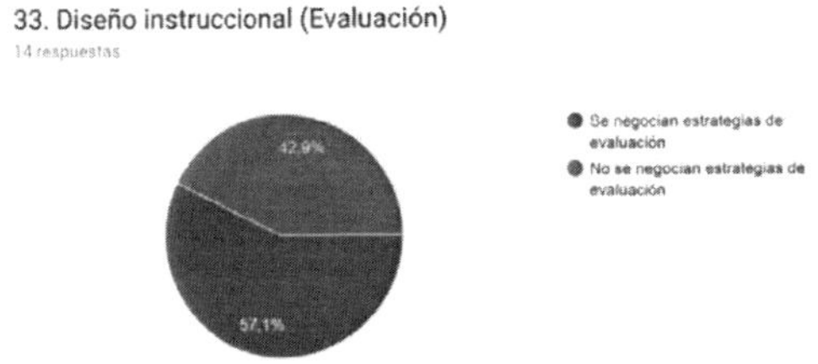

Figura 38. Diseño instruccional (evaluación)

Los profesores consideran que sí se negocian las evaluaciones, en un porcentaje ligeramente superior a la mitad (8 de 14). Los demás hacen referencia a que no hay negociación en las evaluaciones, otro indicador de que el diseño instruccional no es tan abierto como se esperaría en un aula a distancia.

Item 34. Cualidades del entorno (hipertexto)

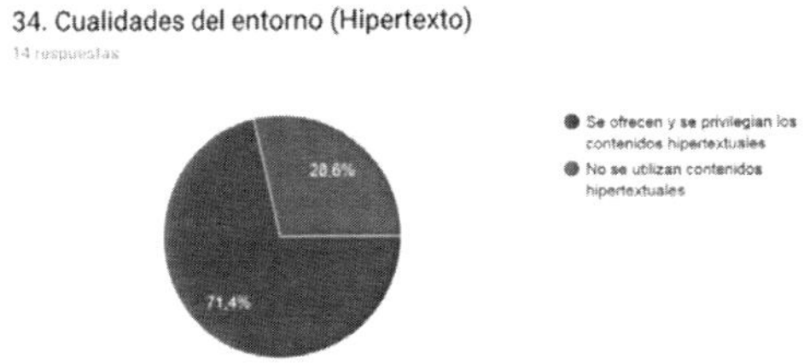

Figura 39. Cualidades del entorno (hipertexto)

Una mayoría significativa considera que hay oferta de contenidos hipertextuales en el curso.

Item 35. Cualidades del entorno (navegación)

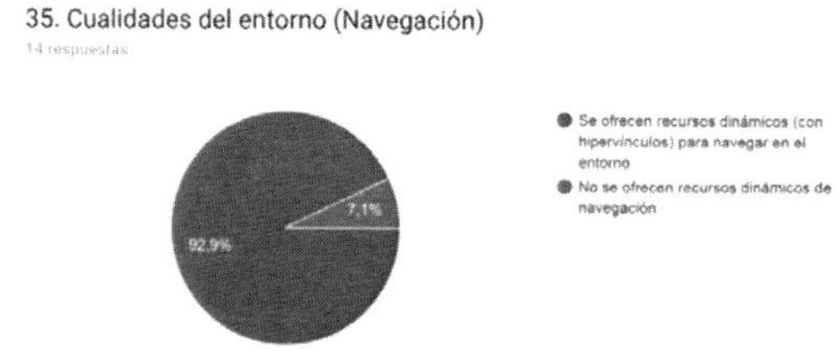

Figura. 40. Cualidades del entorno (navegación)

Se confirma que los profesores utilizan hipervínculos en el diseño del curso, con lo cual privilegian la navegación hacia otros recursos/páginas.

Item 36. Cualidades del entorno (recursos)

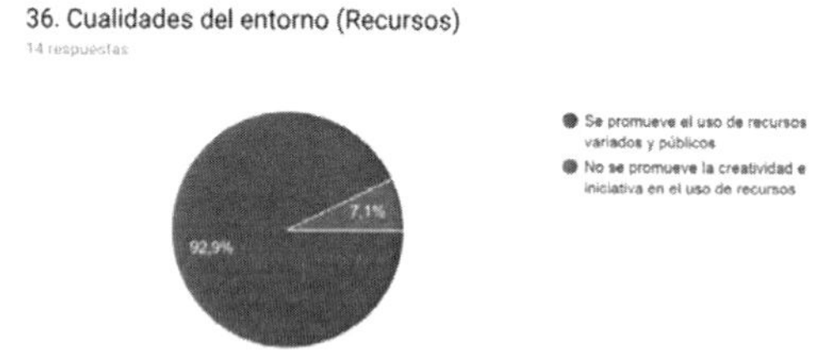

Figura 41. Cualidades del entorno (recursos)

Los profesores coinciden de manera casi unánime en que se promueve el uso de recursos variados que se encuentran en la Web, con lo cual se favorece el intercambio de materiales.

Item 37. Cualidades del entorno (productos originales)

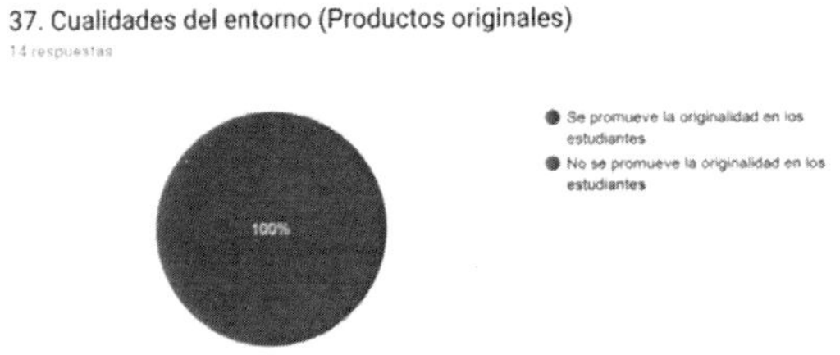

Figura 42. Cualidades del entorno (productos originales)

A pesar de que en cuanto a los recursos, los profesores coinciden en que pueden usar materiales públicos, sí promueven la originalidad en los productos que elaboran los estudiantes. Esto denota cierta contradicción entre lo que se entrega y lo que se pide a cambio.

Item 38. Selección de las herramientas (producción)

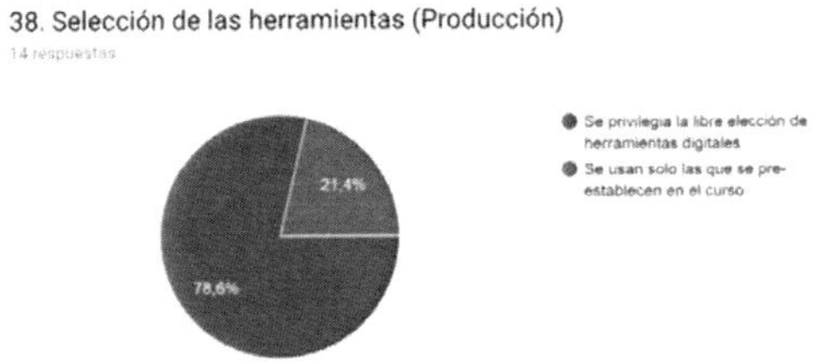

Figura 43. Selección de las herramientas (producción)

Una mayoría significativa de profesores permite la libre elección de herramientas digitales para la elaboración de productos por parte de los estudiantes.

Item 39. Selección de herramientas (interacción)

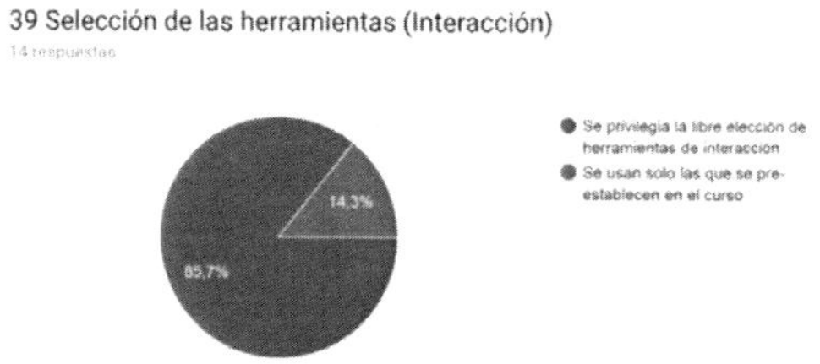

Figura 44. Selección de herramientas (interacción)

Si bien los profesores en este item coinciden en su mayoría en que privilegian la libre elección de herramientas de interacción, esto no coincide con algunos items anteriores en donde se preguntó acerca del uso de herramientas como la mensajería instantánea.

Item 40. Selección de las herramientas (comunicación)

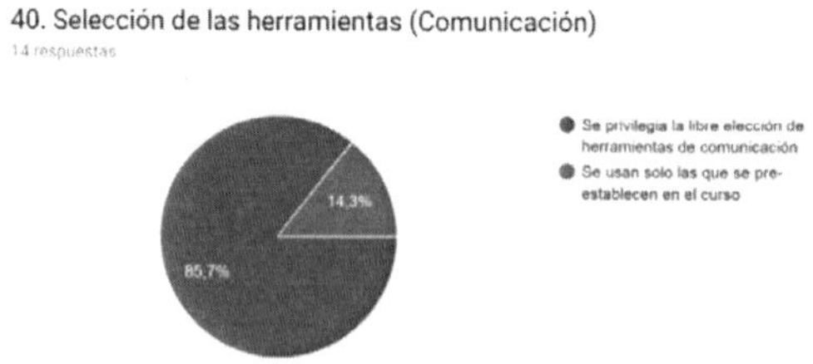

Figura 45. Selección de herramientas (comunicación)

Nuevamente, se percibe cierta contradicción entre este resultado y los de otros items relacionados con las actividades de aprendizaje, en la primera parte del instrumento, donde se cuestionó acerca del uso de herramientas de mensajería instantánea.

Item 41. Accesibilidad

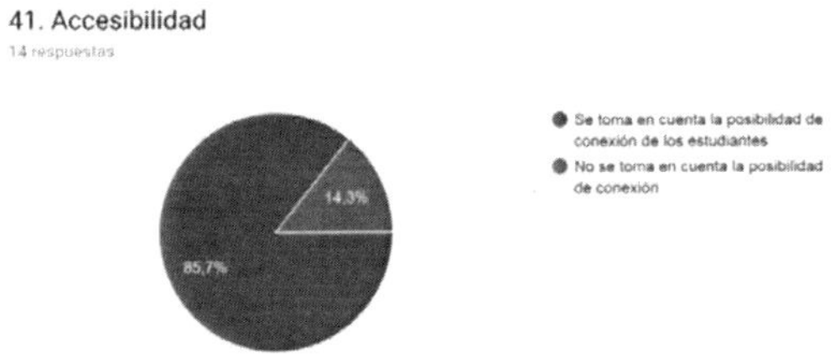

Figura 46. Accesibilidad

Los profesores coinciden en afirmar que se toma en cuenta la posibilidad de conexión de los estudiantes, si bien no se puede saber cuáles estrategias aplican en esos casos.

Item 42. Elaboración de guiones y tutoriales

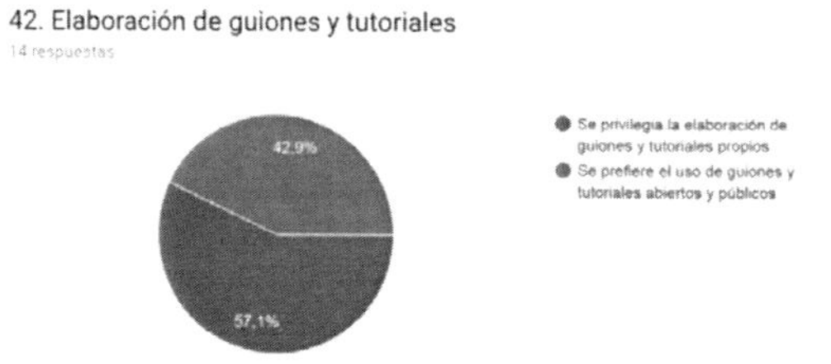

Figura 47. Elaboración de guiones y tutoriales

Se aprecia una ligera mayoría (8 de 14) que coinciden en que se privilegia la elaboración de guiones y tutoriales propios. Esto muestra que no hay acuerdo ni lineamientos en cuanto a la forma de orientar la ejecución de las actividades dentro del curso.

Item 43. Selección del nivel de interacción (frecuencia de acceso, uso y envío de preguntas, comentarios, tareas, otros)

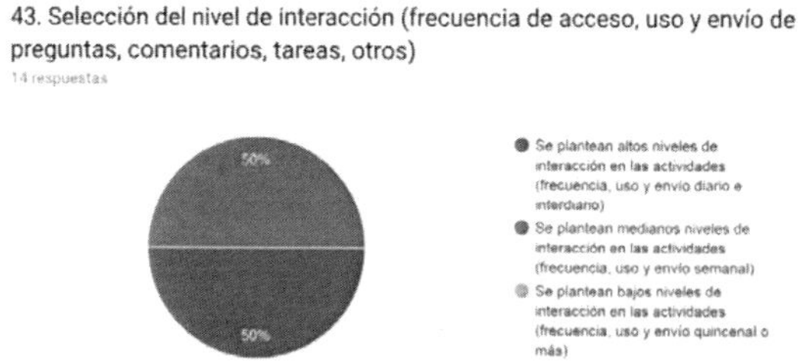

Figura 48. Selección del nivel de interacción (frecuencia de acceso, uso y envío de preguntas, comentarios, tareas, otros)

No se aprecia acuerdo en los profesores en relación al nivel de interacción que se plantea en el curso; pero se sabe que oscila entre alto y medio; es decir, entre interdiario y semanal respectivamente).

Item 44. Selección de frecuencia de la tutoría (apoyo al estudiante)

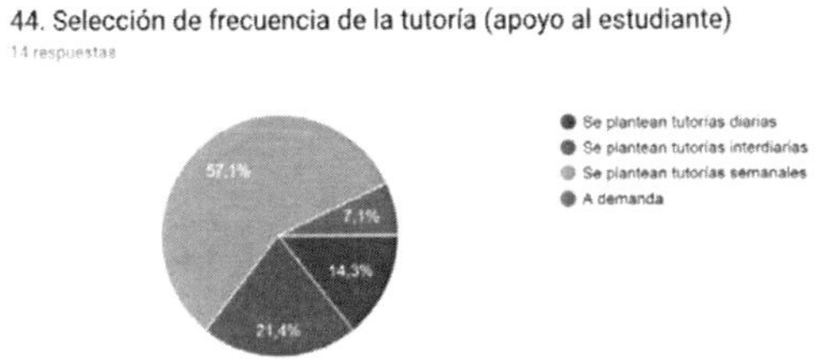

Figura 49. Selección de frecuencia de la tutoría (apoyo al estudiante)

No se percibe acuerdo en la frecuencia de la tutoría de apoyo al estudiantes, si bien existe una mayoría (8 de 14) que consideran que la tutoría es semanal.

Item 45. Selección del modo de la tutoría

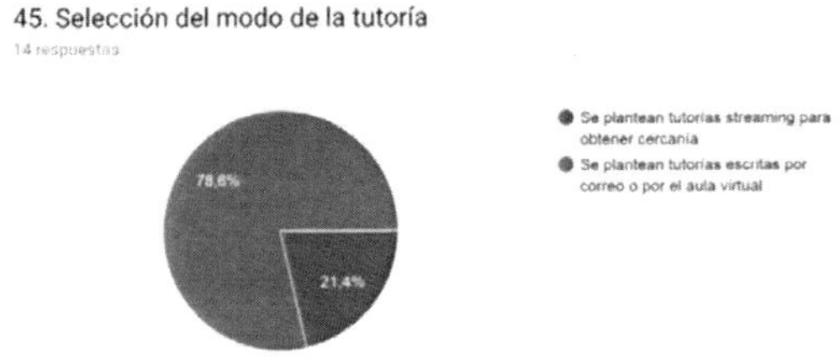

Figura 50. Selección del modo de la tutoría

Los profesores coinciden en su mayoría en que las tutorías se realizan por correo o por mensaje interno en el aula virtual. Siendo esto un modo impersonal que no favorece la cercanía con los estudiantes.

Item 46. Selección de la profundidad de la tutoría (indicadores: orientación, seguimiento, integración y convivencia)

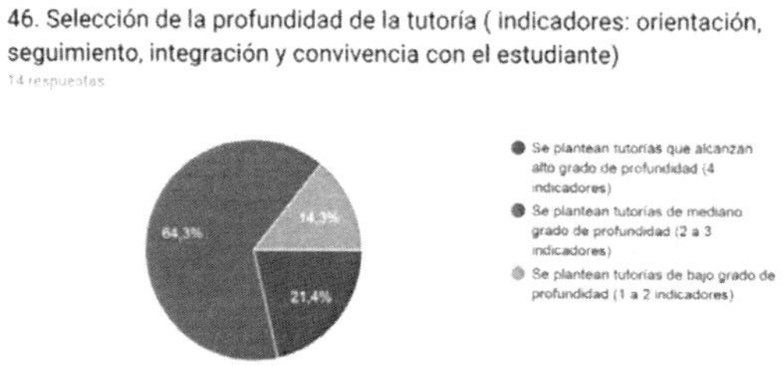

Figura 51. Selección de la profundidad de la tutoría (indicadores: orientación, seguimiento, integración y convivencia)

La mayoría de los profesores coinciden en plantear la profundidad media de las tutorías, donde se verifican de 2 a 3 de los indicadores mencionados; donde los indicadores integración y convivencia fueron los que resultaron más afectados, lo que indica que existe los profesores se mantienen relativamente alejados de los estudiantes, cumplen con su trabajo pero no se integran o conviven en el aula a distancia con ellos.

Item 47. Estructuración de las herramientas

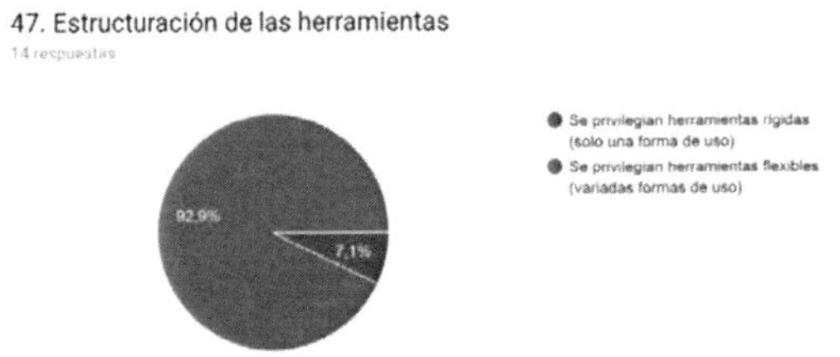

Figura 52. Estructuración de las herramientas

Los profesores consideran que la estructura de las herramientas que se sugieren son flexibles, pues tienen variadas formas de uso, lo que implica que pueden adaptarse a todos los estilos de aprendizaje existentes.

Item 48. Evaluación del curso por prueba piloto

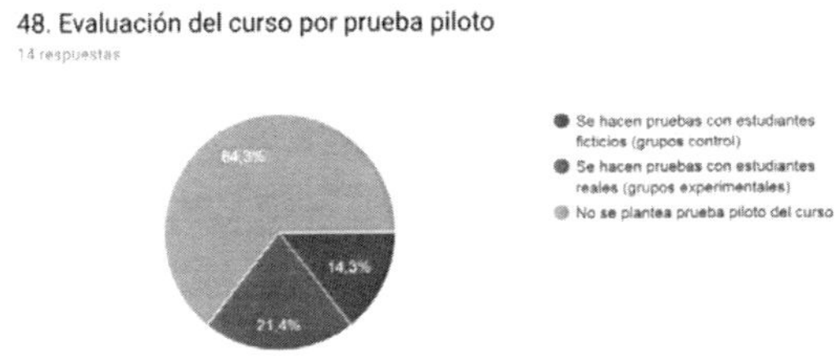

Figura 53. Evaluación del curso por prueba piloto

Una mayoría coincide en que no se plantean pruebas piloto de los cursos, lo que es indicador de una debilidad a la hora de evaluar la efectividad del diseño instruccional antes de administrarlos con los estudiantes.

Item 49. Observaciones del profesor

Lo importante es experiencias de esta naturaleza es la posibilidad de revisar de manera permanente los aportes y experiencias de todos los bloques de secciones, actualizar recursos, visibilizar nuevas herramientas y no perder de vista la naturaleza de la asignatura como departamental. Establecer más rúbricas de evaluación que ayuden a validar las competencias, entre otras.

Al ser una materia departamental, el plan de evaluación no es tan flexible ni contextualizado el grupo porque responde a una planificación general

Figura 54. Observaciones del profesor

Solo dos (2) de los participantes hicieron aportes en las observaciones de este item. El primero considera importante revisar los procesos y evaluar los cursos, mientras que el segundo indica que al ser el curso departamental, el diseño no puede ajustarse a las características de cada grupo.

IV.3.1. Análisis de las fases para el diseño de actividades

Su pudieron detectar ciertas debilidades en los aspectos esenciales del diseño instruccional, que parten desde el diagnóstico de conductas de entrada, expectativas y conocimientos previos de los estudiantes. Este diagnóstico se hace pero no se toma en cuenta para diseñar la instrucción, puesto que los objetivos son pre-establecidos, no hay acuerdo en cuanto a la consulta de los contenidos ni el diseño de las estrategias; tampoco hay acuerdo en cuanto a la negociación de las evaluaciones.

En cuanto a las cualidades del entorno, los profesores están de acuerdo en utilizar hipertexto e incentivar la navegación hacia otros entornos, con lo cual estarían exponiendo al estudiante a otros ambientes tal vez más interesantes, incluso al ponerlos en contacto con recursos públicos. No obstante, al evaluar la producción privilegian la originalidad, no siendo ellos ejemplo de lo que piden.

En cuanto a la selección y la estructura de las herramientas para la producción, la interacción y la comunicación, tal parece que existe mucha libertad para la libre escogencia por parte de los estudiantes. Sin embargo, no existe acuerdo en el nivel de interacción propuesto, al haber discordancia entre el nivel alto (interdiario) y medio (semanal). Lo que evidencia que no hay claridad en cuanto al nivel de interacción que se desea promover y se deja libre a la necesidad de cada estudiante, lo que podría generar ansiedad en los que quieren respuestas inmediatas y aún más desdén en los que no desean interactuar. Lo mismo ocurre con las tutorías, donde no hay acuerdo en cuanto al nivel de frecuencia y profundidad; y con respecto al modo, se privilegia la tutoría asincrónica, lo que la hace impersonal.

Finalmente, los profesores admiten que no se hacen pruebas piloto del diseño instruccional del curso, pero muestran apertura a considerar la revisión y actualización permanente. Lo que indica que están conscientes de la necesidad de atender los procesos sin dejar de lado que la asignatura es departamental, por lo que se requiere llegar a acuerdos sobre los elementos esenciales del diseño del curso y la forma de administrarlos, permitiendo luego que cada docente haga las adecuaciones según sean las características del grupo de estudiantes a atender.

Anidando nuevamente los datos obtenidos en la inmersión inicial, es claro que el diseño instruccional del curso debe ser revisado con miras a lograr que los estudiantes se involucren en el proceso a distancia, para lo cual deben darse pautas que establezcan un diseño cónsono con las necesidades de los estudiantes, una mayor presencia del tutor acompañando el proceso, evitando así que los estudiantes se pierdan y terminen desertando.

CAPÍTULO V
CONCLUSIONES Y RECOMENDACIONES

En el presente capítulo se desarrollan las conclusiones del estudio desarrollado, tomando en cuenta tanto los aspectos consultados en el marco referencial, como los resultados obtenidos en la fase de campo. Las mismas se presentan partiendo de los objetivos específicos y el objetivo general, en el mismo orden planteado en el primer capítulo.

V.1. Características de las actividades de aprendizaje propuestas en el curso "Tecnologías para el Aprendizaje"

De acuerdo con lo consultado a nivel documental, el poder trabajar en forma colaborativa permite tener la oportunidad de compartir en común habilidades y competencias para contrastar ideas y puntos de vista, preguntarse, cuestionarse, plantearse retos y discutirlos, resolver problemas conjuntamente, llegando al consenso y negociar entre distintos miembros. En tal sentido, las actividades de aprendizaje propuestas en el curso de "Tecnologías para el Aprendizaje" proporcionan lo necesario para promover al aprendizaje colaborativo, al tomar en cuenta todas las características que estas deben tener en cuanto a la promoción de agrupamientos, impulso a las metas, construcción del conocimiento colaborativo, liderazgo y habilidades lingüísticas.

No obstante, los profesores detectan escasa responsabilidad de los estudiantes en la asunción de los aportes individuales que cada uno debe hacer en las actividades de aprendizaje en equipo. Vinculando esto con lo consultado a nivel documental, coincide el investigador con lo aportado por Román (2004) en relación a la responsabilidad que cada estudiante debe tener frente a las actividades de aprendizaje.

Cabe recordar que el poder trabajar en forma colaborativa con los alumnos no se basa solo en una disposición "innata" de los estudiantes. Los autores consultados, como Pérez, Romero y Romeu (2014), sostienen que debe desarrollarse un conjunto de acciones y estrategias por parte del docente que los ayuden a gestionar el trabajo en equipo desde el inicio del proceso (entre otros factores estableciendo normativas y plan de trabajo grupal). Además, durante el desarrollo debe garantizarse una reflexión continua y crítica.

Es por ello, que se considera indispensable la supervisión y seguimiento de la hoja de ruta por parte del profesor a fin de que los estudiantes no pierdan el rumbo y puedan construir su conocimiento apoyados en la figura del líder natural del curso, es decir, del profesor; quien además puede apoyarse en aquellos estudiantes con innatas actitudes responsables y liderazgo positivo, para lo cual debe integrarse con ellos y conocerlos, para poder identificarlos.

V.2. Identificación del uso de herramientas Web 2.0 en el curso "Tecnologías para el Aprendizaje"

De acuerdo con lo consultado a nivel documental, Traverso, Prato, Villoria, Rodríguez, Priegue, Caivano y Fissore (2013) ofrecen los cuatro pilares de la Web 2.0, identificando herramientas para: la gestión de contenidos, el acceso y la clasificación de la información y los servicios en línea para la interacción y la comunicación. Pues bien, en función de lo declarado por los profesores, se puede afirmar que todos los tipos planteados se encuentran presentes en el curso de "Tecnologías para el Aprendizaje". La única excepción está en el uso de las redes sociales y la mensajería instantánea tipo Whatsapp, pues todavía existe cierta resistencia por parte de los profesores, cuestión que hasta cierto punto podría no coincidir con los intereses de los estudiantes, quienes prácticamente hacen vida social en estas redes y son las más populares entre ellos.

Para la gestión de contenidos se considera muy positivo que los profesores privilegien el uso de Youtube. No obstante, en cuanto a los servicios en línea para la interacción y la comunicación, los profesores aún prefieren el correo electrónico y el chat asincrónico, lo que quizás no necesariamente coincida con la conocida inmediatez con la que los estudiantes requieren atención.

V.3. Distinción de las fases aplicadas en el diseño de actividades de aprendizaje del curso "Tecnologías para el Aprendizaje"

La revisión documental aportó las etapas propuestas por Guitert y Romeu (2011; citados por Pérez, Romero y Romeu, 2014), mismas que se tomaron como referencia para diseñar el instrumento de recolección de datos. Las etapas que se distinguen son: revisión de los materiales, diagnóstico de los participantes, elementos esenciales del diseño instruccional, cualidades del entorno, selección del uso de las herramientas, factibilidad y accesibilidad, elaboración de guiones y tutoriales, selección del nivel de interacción y del nivel de tutoría, estructuración de las herramientas según su funcionalidad y evaluación del curso por prueba piloto.

Los resultados obtenidos en la fase de campo distinguen aspectos positivos en relación a las cualidades del entorno y la factibilidad y accesibilidad de los estudiantes al curso, las cuales son de naturaleza tecnológica. No obstante, se encontraron debilidades importantes en el resto de las etapas que son de naturaleza instruccional, como en el diagnóstico de los participantes, en los elementos esenciales del diseño instruccional, en la selección del uso de las herramientas, en la elaboración de guiones y tutoriales, en la selección del nivel de interacción y del nivel de tutoría, en la estructuración de las herramientas según su funcionalidad y en la evaluación del curso por prueba piloto.

Se infiere que una de las posibles causas de esto es que los profesores no tengan la formación para diseñar cursos a distancia o estén dando mayor importancia a las herramientas de la Web 2.0 y las actividades que pueden desarrollarse con ellas, lejos de privilegiar el componente educativo que debe estar presente. Esto pone en duda la efectividad del curso para promover aprendizajes de cualquier naturaleza y no solamente los que interesan en esta investigación, como son los aprendizajes colaborativos.

V.4. Análisis de los niveles de colaboración de las actividades de aprendizaje del curso "Tecnologías para el Aprendizaje"

En función de lo anteriormente expuesto, se plantea el análisis de los niveles de colaboración que se verifican en las actividades de aprendizaje del curso de "Tecnologías para el Aprendizaje". Gracias a la revisión documental y a los resultados obtenidos en la fase de campo, que se analizaron primeramente de manera separada y luego anidados con los resultados de la fase de inmersión, se puede afirmar que los niveles de colaboración están sujetos a las características de las actividades de aprendizaje, a las herramientas tecnológicas que se utilicen para desarrollar dichas actividades y al diseño instruccional del curso (por extensión, a todas sus etapas).

El análisis de los tres aspectos en forma separada permitió encontrar debilidades en el grado de responsabilidad de los estudiantes frente a las actividades colaborativas, el cual ha de desarrollarse a partir de la supervisión y el seguimiento de la hoja de ruta del curso. De lo contrario, se sienten desorientados y solos, lo que confirma la hipótesis alternativa planteada por el investigador de que la situación reportada por los estudiantes podría estar siendo originada en causas exopercibidas como la falta de asesoría y apoyo docente (Leal, 2004), revelación que también hicieron los profesores cuando se les consultó sobre el seguimiento de la hoja de ruta, donde aceptaron que dejan la responsabilidad en ellos. Por lo tanto, no son las actividades de aprendizaje per se, sino la soledad del estudiante a distancia, que se ha interpretado por los profesores como falta de responsabilidad.

Finalmente, las mayores debilidades se encontraron en ocho (8) de las diez (10) etapas del diseño instruccional del curso, siendo esto totalmente coincidente con lo que el autor citado denomina causas exopercibidas y no necesariamente con características endopercibidas de los estudiantes. En virtud de ello, en la actualidad los niveles de colaboración no son los que los profesores desearían percibir de sus estudiantes, incluso cabría la duda en cuanto a la efectividad en la promoción de aprendizajes de todo tipo y no solo del tipo colaborativo.

V.5. Recomendaciones

Es un hecho que al estar los cursos tecnológicamente diseñados de forma adecuada al objetivo de lograr aprendizajes colaborativos, donde además se vinculan las herramientas de la Web 2.0 que más se adecúan a este propósito, las recomendaciones de esta investigación deben apuntar a la formación de los profesores en el área educativa; esto es, directamente relacionada con el diseño instruccional de cursos en línea.

Como bien se logró obtener en la revisión documental, diseñar cursos en línea no necesariamente funciona igual que con los diseños de cursos en modalidad presencial. Siguiendo a Cabero (2006b), el investigador coincide en que "la tecnología es la que da comienzo a la acción formativa, y debe ser lo más amigable y flexible posible, pero en sí misma no es la variable crítica del sistema" (p. 24).

Adicionalmente, el investigador coincide con Iglesias y Rodrigo (2013) quienes reconocen que "A esta nueva generación, se le puede considerar que carece de habilidades críticas y analíticas que impiden a los jóvenes juzgar la relevancia y confiabilidad de lo que encuentran en Internet". (p. 301)

Esto permite afirmar que el diseño instruccional debe necesariamente comenzar por el diagnóstico de las conductas de entrada, expectativas y conocimientos previos. Ese es el momento para que el profesor tenga en cuenta estas condiciones y desde allí comenzar a adaptar su curso. Sin ello, el profesor estaría intentando poner una camisa de fuerza, cuando lo propio sería que tallara un traje a la medida de cada grupo y cada estudiante.

Es por ello que la principal recomendación de esta investigación tiene que ver con la formación que se requiere dar a los profesores en materia instruccional, a fin de que puedan adaptar sus cursos a sus estudiantes, sin que por ello se pierdan los lineamientos que indica el Departamento de Ciencias de la Educación de la UNIMET. Hasta que esto no ocurra es muy posible que no se logre despertar en los estudiantes la motivación para aprender colaborativamente y los profesores sigan percibiendo en ellos falta de responsabilidad e interés en el curso.

REFERENCIAS

Alvarado, A. (2003) Diseño Instruccional para la Producción de Cursos en Línea y e-learning. En Revista Docencia Universitaria, Vol IV, N° 1, Año 2003. Universidad Central de Venezuela. SADPRO. [Documento en línea]. Consulta: 11/08/2018. Disponible en: http://www.ucv.ve/fileadmin/user_upload/sadpro/Documentos/docencia_vol4_n1_2003/4_art._1angel_alvarado.pdf

Argote, J. (2008). La Web 2.0 por su desarrollo relevante en el terreno de la educación se denomina Web 2.0 educativa. En V Asamblea General del Foro de Experiencias Pedagógicas. [Documento en línea]. Consulta el 20/8/2018. Disponible en: http://www.fund-encuentro.org/foro/asambleas/general/VAsambleaexperiencias/Web2-0%20Ignacio%20Argote.pdf

Ávila, M. (2009). Análisis de la Tecnología Educativa. [Blog de autor]. Consulta: 11/08/2018. Disponible en: http://mariajeavila.blogspot.com/2009/10/analisis-de-la-tecnologia-educativa.html

Bartolomé, A. (1995): "Algunos Modelos de Enseñanza para los nuevos canales", en Cabero, J. y Martínez, F. (1995): Nuevos canales de Comunicación en la Enseñanza, Madrid, Centro de Estudios Ramón Areces, pp. 121-141.

Barros, B. Vélez, J. Verdejo, M. (2013). Aplicaciones de la Teoría de la Actividad en el desarrollo de Sistemas Colaborativos de Enseñanza y Aprendizaje. Experiencias y Resultados. Grupo de investigación LTCS. Universidad Nacional de Educación a Distancia (UNED). En Research Gate. [Documento en línea]. Consulta el 13/09/2018. Disponible en: https://www.researchgate.net/publication/28075764_Aplicaciones_de_la_Teoria_de_la_Actividad_en_el_desarrollo_de_Sistemas_Colaborativos_de_Ensenanza_y_Aprendizaje_Experiencias_y_Resultados

Bernardo, A. (2018). Tim Berners-Lee, creador de la World Wide Web, dice que su invento "está amenazado". En Hipertextual. [Artículo en línea]. Consulta: 15/09/2018. Disponible en: https://hipertextual.com/2018/03/tim-berners-lee-world-wide-web

Blánquez, F. (2007). Internet y la enseñanza del español: el uso de blogs. Universidad de León. En colaboración con la Fundación Universitaria Iberoamericana (FUNIBER). España. [Documento en línea]. Consulta: 22/09/2018. Disponible en: https://www.mecd.gob.es/dam/jcr:1c4a1949-f4c1-4b40-a420-ebb7421c69fa/2008-bv-09-04blanquez-pdf.pdf

Cabero, J (2006a). Bases pedagógicas del e-learning. Revista de Universidad y Sociedad del Conocimiento (RUSC). [Artículo en línea]. Vol. 3, n.° 1. UOC. Disponible en: http://www.uoc.edu/rusc/3/1/dt/esp/cabero.pdf

Cabero, J. (2006b): Comunidades virtuales para el aprendizaje. Su utilización en la enseñanza. En EDUTEC. Revista Electrónica de Tecnología Educativa, N° 20. Consulta: 07/09/2018. Disponible en: http://www.edutec.es/revista/index.php/edutec-e/article/viewFile/510/244

Corral, Y. (2009). Validez y confiabilidad de los instrumentos de investigación para la recolección de datos. Facultad de Ciencias Económicas Y Sociales Universidad de Carabobo. Valencia, Estado Carabobo. Venezuela. En Revista Ciencias de la Educación. Segunda Etapa / Año 2009 / Vol 19/ Nº 33. Valencia, Enero - Junio. Consulta: 03/09/2018. Disponible en: http://servicio.bc.uc.edu.ve/educacion/revista/n33/art12.pdf

Díaz-Barriga, F., y Hernández, G. (2002). Estrategias docentes para un aprendizaje significativo: una interpretación constructivista. Capítulo 5. Estrategias de enseñanza para la promoción de aprendizajes significativos. Universidad Nacional Abierta. Compilación con fines instruccionales. [Documento en línea]. Consulta el 20 de mayo de 2014. Disponible en: https://dip.una.edu.ve/mead/disenho/paginas/Barriga5.pdf

Duart, J. Reparaz, Ch. (2011). Enseñar y aprender con las TIC. En Revista Estudios sobre Educación / VOL. 20 / 2011 / 9-19. Universidad de Navarra. España. [Documento en línea]. Consulta: 13/08/2018. Disponible en: https://www.unav.edu/publicaciones/revistas/index.php/estudios-sobre-educacion/article/viewFile/4449/3828

Engeström, Y. (2001). El aprendizaje expansivo en el trabajo: hacia una reconceptualización teórica de la actividad. (Trad. Larripa, M.). Centro de La Teoría de la Actividad y la Investigación del Desarrollo del Trabajo, PO Box 47, 00014 Universidad de Helsinki, Finlandia. En Journal of Education and Work, Vol. 14, No. 1, 2001. [Documento en línea]. Consulta: 11/09/2018. Disponible en: http://www.bibliopsi.org/docs/carreras/obligatorias/CFG/general/colombo/Engestrom%20-%20El%20Aprendizaje%20Expansivo%20en%20El%20Trabajo.pdf

Exley, K. Dennick, R. (2007). Enseñanza en pequeños grupos en educación superior. Tutorías, seminarios y otros agrupamientos. Madrid. Narcea

Garasa, M. (2016). El nuevo Google Site. Educación, formación, mobile learning, tecnologías y herramientas. [Blog de autor]. Consulta: 29/09/2018. Disponible en: https://marcosgarasa.wordpress.com/2016/06/16/el-nuevo-google-sites/

Guelmes, E. Nieto, L. (2015). Algunas reflexiones sobre el enfoque mixto de la investigación pedagógica en el contexto cubano. En UNIVERSIDAD Y SOCIEDAD. Revista Científica de la Universidad de Cienfuegos. Vol. 7. Nro. 2.

pp. 23-29. ISSN: 2218-3620. [Documento en línea]. Consulta: 13/09/2018. Disponible en: http://scielo.sld.cu/pdf/rus/v7n1/rus03115.pdf

Guiza, M. (2011). Trabajo Colaborativo en La Web: Entorno Virtual de Autogestión para Docentes. Tesis Doctoral. Universitat des les Illes Ballears. [Documento en línea]. Consulta: 11/04/2015. Disponible en: https://www.tdx.cat/bitstream/handle/10803/59037/tmge1de1.pdf;sequence=1

Harrar, A. Alcaide, J. (2010) Aplicación del análisis conjunto para la evaluación de un curso de Ingeniería basado en la Plataforma PI@tUM. Tesis de Grado [Documento en línea]. Consulta: 10/11/2015. Disponible en: https://www.thefreelibrary.com/Aplicacion+del+analisis+conjunto+para+la+evaluacion+de+un+curso+de...-a0247621508

Hernández, F., Fernández, D., Baptista, M. (2010). Metodología de la Investigación. México. McGraw Hill.

Hernández, N. González, M. Muñoz, P. (2014). La planificación del aprendizaje colaborativo en entornos virtuales. En Revista Comunicar 42. ¿La revolución de la enseñanza? Vol. XXI, nº 42, 1º semestre, 1 enero 2014. E-ISSN: 1988-3293 / ISSN: 1134-3478. [Artículo en línea]. Consulta 09/09/2018. Disponible en: https://www.revistacomunicar.com/index.php?contenido=detalles&numero=42&articulo=42-2014-02

Iglesias, M. Rodrigo, D. (2013). La Web 2.0 en el proceso de enseñanza aprendizaje: Una experiencia de innovación docente universitaria. En Revista Cuestiones Pedagógicas, 22, 2012/2013, pp 299-313. Universidad de Sevilla. [Documento en línea]. Consulta: 30/03/2018. Disponible en: http://institucional.us.es/revistas/cuestiones/22/art_13.pdf

Instituto Tecnológico y de Estudios Superiores de Monterrey. (2003). Unidad 6. Análisis de la tecnología educativa. [Artículo en línea]. Consulta: 11/08/2018. Disponible en: http://www.cca.org.mx/cca/cursos/ed022/que_vamos/temas/6_1_3_5_2.htm

Jardines, F. (2013). Desarrollo histórico de la educación a distancia. En Revista Innovaciones de Negocios. 6(2): 225 -236, 2009. [Documento en línea]. Consulta el 09/09/2018. Disponible en: http://www.redalyc.org/pdf/1942/194250865006.pdf

Leal, N. (2004). La soledad del estudiante a distancia de la Universidad Nacional Abierta. Universidad Nacional Abierta. Dirección de Investigaciones y Postgrado. [Documento en línea]. Consulta el 03/09/2018. Disponible en: http://especializacion.una.edu.ve/fundamentos/paginas/leal2004.pdf

Madrigal, S. (2014). Aplicaciones síncronas y asíncronas. [Blog de autor]. Consulta: 11/08/2018. Disponible en: http://www.sergiomadrigal.com/2014/03/24/aplicaciones-sincronas-y-asincronas/

Mohammed, K. Ramírez, R. (2009). Herramientas Web 2.0 para el Aprendizaje Colaborativo. En Revista CYTED. Ciencia y Tecnología para el Desarrollo. SOLITE (SOftware LIbre en TEleformación) Acción de Coordinación 508AC0341. [Documento en línea]. Consulta el 13/09/2018. Disponible en: http://observatoriotecedu.uned.ac.cr/media/038_Web%202.0.pdf

Mora, F. Hooper, C. (2016). Trabajo colaborativo en ambientes virtuales de aprendizaje: Algunas percepciones y perspectivas estudiantiles. Comisión de Investigación y Extensión de la Dirección de Producción de Materiales Educativos de la Universidad Estatal a Distancia (UNED). Costa Rica. En revista Educare. EISSN: 1409-4258 Vol. 20(2) Mayo-Agosto, 2016: 1-26. [Artículo en Línea]. Consulta: 12/09/2018. Disponible en: http://www.redalyc.org/html/1941/194144435020/

Morrison, R. (2015). Pragmatismo: una antigua epistemología para el actual paradigma social de la ocupación. VI Congreso Nacional de estudiantes de terapia ocupacional. 27 y 28 de octubre de 2014. Valdivia. Chile. En revista TOG A Coruña. Vol 12. Núm. 21. May 2015. ISSN 1885-527X. Consulta: 10/09/2018. Disponible en: http://www.revistatog.com/num21/pdfs/colab1.pdf

Pérez, M. Romero, M. Romeu, T (2014). La construcción colaborativa de proyectos como metodología para adquirir competencias digitales. En Revista Comunicar 42: ¿La revolución de la enseñanza? Vol. 21 - 2014. Consulta: 11/08/2018. Disponible en: https://doi.org/10.3916/C42-2014-01

Rincón, L. (2015). Estrategias para el diseño y uso de materiales instruccionales apoyados en TIC que promuevan el desarrollo de la competencia comunicativa visual. Tesis de MEAD. Universidad Nacional Abierta. En Catálogo de acceso público en línea. [Documento en línea]. Consulta: 19/07/2018. Disponible en: http://pmb.una.edu.ve/pmb/opac_css/index.php?lvl=categ_see&id=30680

Rivera, M. Martínez, J. Guevara, I. Landa, A. Palestina, C. (2014). Webquest como medio de adquisición cultural en estudiantes del CA-CIX. En Revista Iberoamericana para la Investigación y el Desarrollo Educativo. ISSN 2007 - 7467. [Documento en línea]. Consulta: 15/09/2018. Disponible en: https://www.ride.org.mx/index.php/RIDE/article/view/163/710

Rodríguez, R. Espinoza, L. (2017). Trabajo colaborativo y estrategias de aprendizaje en entornos virtuales en jóvenes universitarios. Universidad de Sinaloa. En RIDE. Revista Iberoamericana de Investigación y Desarrollo Educativo. Vol.7; No.14. Guadalajara, ene./jun. 2017. [Artículo en línea]: Consulta: 10/09/2018. Disponible en: http://dx.doi.org/10.23913/ride.v7i14.274

Rodríguez, D. (2008). Nuevas tecnologías Web 2.0: Hacia una real democratización de la información y el conocimiento. [Documento en línea]. Consulta: 20/08/2018. Disponible en: http://eprints.rclis.org/11814/1/Rodriguez-DianaTRABAJOelis.pdf

Román, P. (2004) los entornos de trabajo colaborativo y su aplicación a la enseñanza. Facultad de Ciencias de la Educación. Universidad de Sevilla. [Documento en línea]. Consulta: 10/08/2018. Disponible en: http://blogs1.uoc.es/racev/files/2013/02/2004-entornosdetrabajocolaborativoyaplicacionenseanza-arial.pdf

Sigalés, C. (2001). El potencial interactivo de los entornos virtuales de enseñanza y aprendizaje en la educación a distancia. X Encuentro Internacional de Educación a Distancia (27-30 de noviembre de 2001. Guadalajara, México). [Artículo en línea]. Consulta: 11/08/2018. Disponible en: https://www.uoc.edu/web/esp/art/uoc/sigales0102/sigales0102_imp.html

Suárez, C. (2003). Del aprendizaje en red a una red de aprendizaje. En DocPlayer. [Documento en línea]. Consulta: 15/08/2018. Disponible en: https://docplayer.es/86023713-Del-aprendizaje-en-red-a-una-red-de-aprendizaje.html

Traverso, H. Prato, L. Villoria, L. Rodríguez, G. Priegue, C. Caivano, R. Fissore, M. (2013). Herramientas de la Web 2.0 aplicadas a la educación. En Congreso TEyET. Universidad de Villa María. Buenos Aires. [Documento en línea]. Consulta: 22/09/2018. Disponible en: http://sedici.unlp.edu.ar/bitstream/handle/10915/27532/Documento_completo.pdf?sequence=1

Yong, É. Nagles, N. Mejía, C. Chaparro, C. (2017). Evolución de la educación superior a distancia: desafíos y oportunidades para su gestión. En Revista Virtual. Universidad Católica del Norte, núm. 50, febrero-mayo, 2017, pp. 81-105 Fundación Universitaria Católica del Norte Medellín, Colombia. Consulta el 09/09/2018. Disponible en: http://www.redalyc.org/pdf/1942/194250865006.pdf

Zabala, C. Camacho, H. Chávez, S. (2013). Tendencias epistemológicas predominantes en el aprendizaje de las TIC en el área de la educación. En Revista TELOS. Revista de Estudios Interdisciplinarios en Ciencias Sociales. Universidad Rafael Belloso Chacín. ISSN 1317-0570. Depósito legal pp: 199702ZU31. Vol. 15 (2): 178 - 194, 2013. Consulta: 30/09/2018. Disponible en: https://dialnet.unirioja.es/descarga/articulo/4451079.pdf

Zañartu, L. (2003). Aprendizaje colaborativo: una nueva forma de Diálogo Interpersonal y en Red. [Documento en línea]. Consulta: 11/08/2018. Disponible en: http://ww2.educarchile.cl/UserFiles/P0001/File/Bueno-Aprendizaje%20colaborativ1.pdf

ANEXOS

ANEXO A

INSTRUMENTO DE RECOLECCIÓN DE DATOS TIPO CUESTIONARIO VALIDADO POR JUICIO DE EXPERTO (**α= 0.70**)

El instrumento en cuestión puede consultarse como un producto parcial de esta investigación, dado que se encuentra alojado en la herramienta Drive de Google®.

El enlace para verlo es el siguiente:

https://goo.gl/forms/CPgMgOSsCy6qygBv2

MIX
Papier aus verantwortungsvollen Quellen
Paper from responsible sources
FSC® C105338

Printed by Books on Demand GmbH, Norderstedt / Germany